示范校重点专业建设成果教材
职业教育技能型实用人才培养系列规划教材

CNG QICHE

CNG汽车
检测与维修

JIANCE YU WEIXIU

主　编　汪　亮　肖应刚
副主编　刘　君　陈茂贤

西南交通大学出版社
·成　都·

图书在版编目（CIP）数据

CNG 汽车检测与维修 / 汪亮，肖应刚主编. 一成都：西南交通大学出版社，2018.10
示范校重点专业建设成果教材 职业教育技能型实用人才培养系列规划教材
ISBN 978-7-5643-6580-6

Ⅰ. ①C… Ⅱ. ①汪… ②肖… Ⅲ. ①液化气汽车 – 检测 – 职业教育 – 教材②液化气汽车 – 车辆修理 – 职业教育 – 教材 Ⅳ. ①U469.750.7

中国版本图书馆 CIP 数据核字（2018）第 250813 号

示范校重点专业建设成果教材
职业教育技能型实用人才培养系列规划教材
CNG 汽车检测与维修

主编 汪 亮 肖应刚

责任编辑 罗在伟
助理编辑 李华宇
封面设计 何东琳设计工作室

出版发行 西南交通大学出版社
（四川省成都市二环路北一段 111 号
西南交通大学创新大厦 21 楼）
邮政编码 610031
发行部电话 028-87600564 028-87600533
网址 http://www.xnjdcbs.com
印刷 四川森林印务有限责任公司

成品尺寸 185 mm × 260 mm
印张 8.25
字数 173 千
版次 2018 年 10 月第 1 版
印次 2018 年 10 月第 1 次
定价 30.00 元
书号 ISBN 978-7-5643-6580-6

课件咨询电话：028-87600533

市级中职示范校重点专业建设
教材编写委员会

总　序

近 5 年来，国家先后颁布了《国务院关于加快发展现代职业教育的决定》（国发〔2014〕19 号）、《国家教育事业发展“十三五”规划》（国发〔2017〕4 号）、《国务院办公厅关于深化产教融合的若干意见》（国办发〔2017〕95 号），重庆市为贯彻落实国家颁布的相关政策文件，特制定了《重庆市人民政府关于加快发展现代职业教育的实施意见》（渝府发〔2015〕17 号）等政策文件，大力推进职业教育改革发展。

为积极响应国家政策，更好地适应重庆经济转型和产业结构调整的需要，2014 年，重庆市教委、市人力社保局、市财政局决定实施市级中等职业教育改革发展示范学校建设计划，2014—2016 年，在全市范围内重点支持建设不超过 30 所市级中等职业教育改革发展示范学校。项目学校通过人才培养模式改革、专业课程体系建设、校企合作、师资队伍建设等，促进学校改革创新、内涵发展，成为全市中等职业学校改革创新的示范、提高质量的示范、办出特色的示范，在中等职业教育改革发展中发挥引领骨干和辐射作用，为经济社会发展培养高素质劳动者和高技能技术人才。

2016 年 8 月，重庆市公共交通技工学校成功申报为市级中职示范校项目建设学校。经过两年的建设，在课程改革和教材建设上取得了可喜成绩，为进一步总结经验，固化成果，特组织骨干教师编写了 20 余门系列优质课程配套教材，并交由西南交通大学出版社审核出版。

本系列教材是在相关企业专家的悉心指导以及参与下完成的。教材以强化学生职业能力和培养综合素质为主线，以工作过程为导向，以典型工作任务和生产项目为载体，立足行业岗位要求，参照相关职业资格标准和行业技术标准，遵循中职学生成长规律、中职教育规律和行业生产规律进行开发建设。教材按照项目导向、任务驱动、模拟情境等教学模式要求，构建学习任务单元，注重学生可持续发展能力、创新能力、综合技术能力的培养，具有典型的工学结合特征。

本系列教材是重庆市公共交通技工学校不断深化教学改革的结果，更是市级中职示范校建设的一项重要成果，其中凝聚了各位编审人员的大量心血与智慧，也凝聚了众多行业专家的智慧。同时，在编写过程中得到了有关兄弟院校的大力支持，在此一并表示诚挚感谢！希望该系列教材的出版能有助于促进中职相关专业人才培养质量的提高，能为交通运输类职业院校的教材建设起到积极的引领和示范作用。本系列教材涉及专业面广，加之编者对现代职业教育理念的学习和认知仍需不断地改进和提高，书中难免存在不妥之处，恳请专家、同行不吝赐教，以促使我们不断提高教材编写的质量和水平。

李 灿

2018 年 5 月

前言 PREFACE

近年来，新能源汽车作为国家战略性新兴产业，伴随着国家政策及资金的鼓励扶持，得到了快速发展。而新能源商用车作为新能源汽车的重要组成部分，其产量已占新能源汽车总量的33%左右，该领域对新能源客车维修技术人员产生了大量需求。为满足新能源客车市场对新能源汽车维修人才的需求，突出职业教育特点，物化示范校建设成果，特组织相关人员编写本书。

本书以清洁燃料汽车——CNG 客车为基础，同时兼顾 CNG 轿车发展趋势，注重以学生就业为导向，以培养能力为本位，适应道路运输企业对汽车维修技能紧缺人才的要求。教学内容紧贴实际工作岗位的具体需要，以任务为驱动、以教师为主导、以学生为主体，使学生主动建构探究—实践—思考—运用—解决的学习体系。让学生在不断积累理论知识和实践能力的同时，逐步完成从知识入门到技能掌握的过程，实现学生职业心理角色的转换。

本书主要包括汽车维修基础知识、CNG 汽车发动机检测与维修、CNG 汽车传动系统检测与维修、CNG 汽车行驶系统检测与维修、CNG 汽车制动系统检测与维修等五大项目，总计十三个典型工作任务。本书文字简洁、图文并茂、形式生动，容易激发学生学习兴趣，提高学习效果。

本书可作为 CNG 汽车维修从业人员、传统燃料汽车维修从业人员、汽车维护人员教学用书及自学教材，也可作为职业院校 CNG 汽车应用与维修方向教学参考用书。

本书由重庆市公共交通技工学校汪亮、重庆市交通行业职业培训中心肖应刚担任主编，重庆五一技师学院刘君、重庆电讯职业学院陈茂贤参与编写。本书在编写过程中得到了重庆公共交通控股（集团）有限公司的大力支持，同时参考了大量书籍、论文、培训资料等文献资料，在此对撰写这些资料的专家和学者表示衷心感谢。

鉴于编者水平有限，书中难免存在不妥之处，敬请广大学校师生提出宝贵意见和建议，以便再版时修订。

编 者

2018 年 5 月

目 录 CONTENTS

项目一

汽车维修基础知识

知识引入

汽车修理的基本任务就是消除故障和损坏，恢复车辆的工作能力和完好技术状况。统计表明，汽车在整个使用期内，其使用、维护和修理的费用，为汽车原值的 4~6 倍。因此，有效可靠的维修，对保持汽车工作能力及可靠性、保障驾乘人员安全、降低车辆使用成本都有着极其重要的意义。

任务一　认识汽车维修

情景导入

小明暑假到舅舅家玩，听舅舅跟一群长辈正在商议开一家汽车修理厂，小明很感兴趣。请你作为一名汽车维修技师，给小明简单讲解一些汽车维修的基础知识。

知识准备

汽车维修是汽车维护和汽车修理的总称，即对出现故障的汽车通过技术手段排查，找出故障原因，并采取一定措施排除故障并恢复到一定的使用性能和安全标准。本书受篇幅限制，主要讲解汽车修理相关知识。汽车修理包括汽车大修和汽车小修。

一、汽车维修的基本概念

汽车大修是指用修理或更换汽车零部件（包括基础件）的方法，恢复汽车的完好技术状况和完全（或接近完全）恢复汽车寿命的恢复性修理。

汽车小修是指用更换或修理个别零件的方法，保证或恢复汽车工作能力的运行性修理。

我国现行的维修制度，规定车辆必须贯彻“预防为主、定期检测、强制维护、视情修理”的原则。

二、维修工作流程

汽车维修部门一般由业务人员、管理员（或领班）、维修人员等组成。汽车维修部门的团队协作对于提供高质量的维修服务很重要，可以为顾客提供高质量的服务。典型汽车维修工作流程如图 1-1-1 所示。

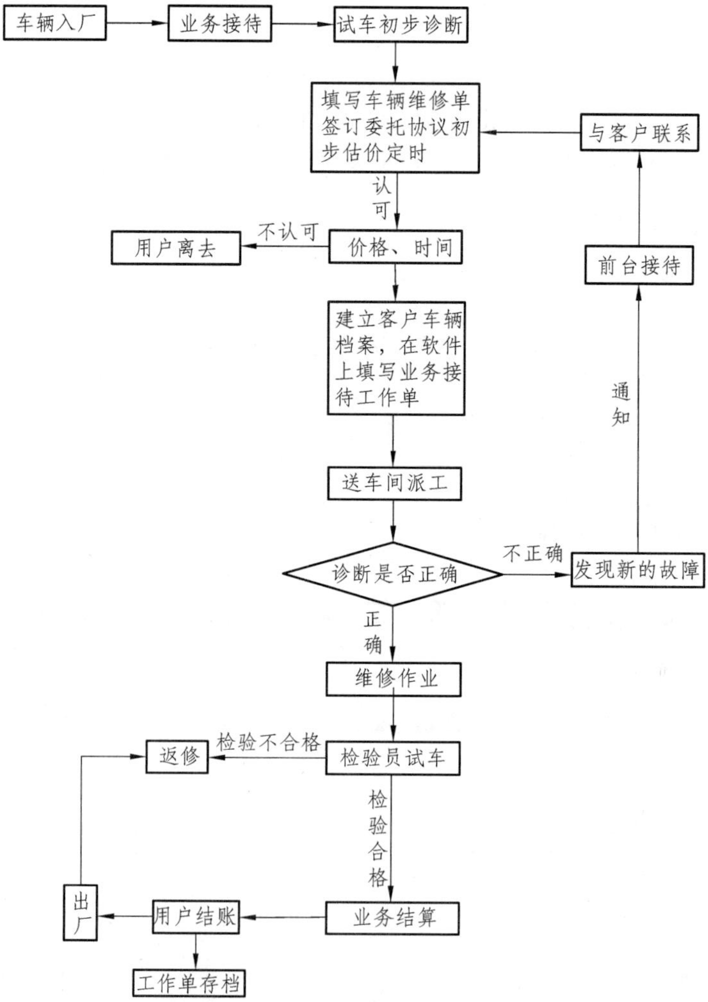

图 1-1-1　典型汽车维修工作流程

（1）当顾客打电话预约并陈述汽车故障或故障现象时，业务人员创建维修单。

（2）为每个计划的维修活动或操作创建一个独立的维修项目，包括需要使用的汽车零配件。软件系统自动为维修项目和汽车零配件报价，自动计算总的维修价格，将维修报价单给客户。

（3）检查所有必需的汽车零配件，确保它们都有库存。

（4）当报价经客户确认同意后，打印维修委托书并签名。

（5）汽车进厂后，如果已经预约并已经填写了维修单，可进入车间安排检测、维修。汽车经过检测，再次梳理维修项目（增加或减少），并由业务人员与客户沟通确认。

（6）车间进行任务分派，按照系统设定分配工时，自动计算工资，打印派工单给维修人员。维修人员开始实施维修项目。

（7）向配件仓库领用维修所需要零配件时，仓库保管员开具并打印领料单，领料的维修人员签字领料。

（8）根据维修进度，车间进行必要的调度。

（9）汽车维修项目完成后，应对汽车进行维修检测。检测结果合格，可由车间主管确认，并在维修结算单上签字，或由车间调度审核确认完工。

（10）财务核对维修结算单，确认领用零配件和维修项目后，系统自动计算实际维修金额。维修结算单经客户确认后，可进行费用结算。同时，系统生成维修服务跟踪记录，并打印汽车出厂放行条。

（11）财务开具发票，并记录发票信息。

（12）顾客凭汽车出厂放行条经门卫许可开车出厂。

三、维修单的处理流程

维修单包含了工作内容、工作时间、工作计划等，各个维修企业使用的维修单各有不同。图 1-1-2 所示为某典型汽车维修单。

对维修单的处理流程一般如下：

（1）记录顾客及其车辆信息。

（2）检查车辆故障，确定维修费用。

① 了解顾客需要的服务项目（如汽车维护或检查、修理等），并询问汽车出现的故障现象，详细了解一些关键问题，以便确定故障位置。

② 与顾客一起对汽车进行彻底、系统的检查，并做好书面记录。③ 估算维修费用，并告诉顾客。一般情况下，此时只说明主要配件和工时的标准价格。其他的维修价格一定要等到全面诊断完成后再通知顾客。

（3）维修单出单，接收汽车。

① 接收汽车时，就汽车维修单的形式与顾客达成一致，如在营业时间汽车的交付、汽车的提取等。

顾客姓名		车牌号		车型		车辆颜色	
顾客电话		行驶里程		VIN号			
保险日期		驾驶证日期		行驶证日期			

维修项目

________Km常规保养 □　一般维修□　事故车□　洗车□　其他□

维修项目	配件	工时	合计	维修项目	配件	工时	合计
1.				8.			
2.				9.			
3.				10.			
4.				11.			
5.				12.			
6.				13.			
7.				合计：			

故障描述	技师诊断结果

常规保养检测项目			
机油		全车皮带	
波箱油		进气燃油	
转向油		润滑清洗	
防冻液		三元催化	
刹车油		轮胎检测	
火花塞		轮毂轴承	
电瓶		传动轴	
雨刮水		减振器	
雨刮片		刹车片	
全车灯光		刹车油管	
空调		球头悬挂	
音响		方向机	
座椅调节		门锁机构	
安全带		升降玻璃、天窗	

环车检查

外观检查（有损伤__处）

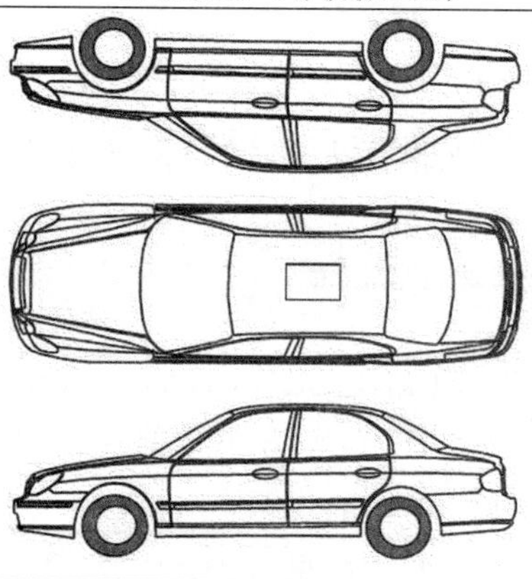

油量显示

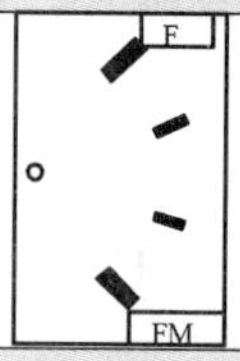

旧件	
带走 □	不带走 □

洗车	
是 □	否 □

计算机读取故障码	

接车人签字：	技师签字：	顾客签字：

图 1-1-2　典型汽车维修单

② 安排好汽车接收时间。

③ 在维修单上记录维修结束时间、计划维修范围等，以便用维修手册或计算机记录。

④ 做好安排，以确保有能力处理维修单上确定的所有项目，包括配件供应、维修人员、专家、转包合同服务、为顾客提供的替代运输工具等。

⑤ 如果处理召回汽车或在开展专项服务优惠活动时，应向顾客说明服务项目季服务活动、轮胎更换等），应完成制造商规定的所有维修项目。

⑥ 提醒顾客提供需要的文件和物品，如维修手册、驾驶证、收音机防盗码、车轮和汽车钥匙。

⑦ 与顾客就付款方式（如现金支付、信用卡支付、支票支付等，达成一致。

⑧ 与顾客一起复查维修单上的所有项目，并浏览所有协议，安排好完工时间。

⑨ 请顾客签名，以确认维修单。

（4）制作车间维修工单。

① 找车间主任完成维修单，包含有关汽车的信息、可用的维修说明等。

② 将维修单上的信息提供给承担任务的维修人员（如维修技师）及所有可能要参与维修的专业人员。

③ 做好所有转包项目（如喷漆）计划。

④ 复查汽车维修记录。如果正在重复同一个维修项目，则应查找以前维修的详细信息，以便弄清确切的故障原因。

（5）发放材料。

① 发放需要的配件。

② 将发放配件的记录填入车间维修卡或计算机数据库。

（6）进行修理。

① 按照维修单上所有项目的顺序，遵照生产厂家提供的文献资料进行维修。一次进行一步，直至完成。这些文献资料包括维修手册、技术公报、描述检查和维护程序的文件等。

② 检查所有已发现但尚未进行修理的缺陷，并根据指示对其进行修理。维修中，使用专用工具、检测仪和制造商规定的维修配件。

③ 当需要修理的范围超出了原来维修计划时，需通过业务人员征求顾客意见，顾客同意后再进行额外的维修项目。确保将维修技术工程师的额外工作以条目的形式记录在车间修卡上。

（7）处理旧件。

① 按照法规和政府相关规定，处理旧件和报废材料，然后将处理工作记录在处理卡上。让备件部将处理卡转寄给生产厂家，或将互换件准备好以便送给生产厂家。

② 保留所有需要的旧件，以便进行检查或接受顾客询问。

（8）进行道路行驶试验。

① 完成维修工作后，按照生产厂家提供的说明进行道路行驶试验。

② 记录道路行驶试验结束时的行驶里程。

③ 如果发现有任何缺陷，则开始需要的维修工作。同时应通知顾客延迟已商定的交车时间及延迟原因，以及有可能增加的维修费。

（9）开具发票。

① 审查维修单，检查并对照工时和材料费用，核算带有初始费用估算的维修协议费，检查配件费用。

② 开具发票时，确保发票主要内容在口头上清楚地通知顾客，并被顾客接受和理解。

③ 根据工时费和材料费开具发票。在发票上标明维修顾问和指定的维修人员姓名。

（10）做好交车前的准备工作。

① 将维修资料装袋。维修资料袋中包含维修清单、来自控制装置显示经电子诊断仪中储存的故障码打印单、GI（通常检查）和 EI（排放检查）及 SI（安全检查）合格证。

② 组合维修包。组合维修包的内容包括盖章的维修计划表、插页、机动车保险等。其他选择性项目包括维修技师名片、服务顾问名片、广告宣传材料、代理商的调查问卷等。

③ 做好向顾客交付汽车的准备，包括：清点所保留的更换旧件，以便回答顾客质询时使用；检查维修不干胶标签，确保汽车清洁。

④ 将汽车资料、钥匙和维修包亲自交给顾客。提出用车建议。

（11）确认顾客的满意度。

① 在维修后 1 周内，通过电话询问维修的效果。

② 业务人员应回答顾客任何不满意的问题，并电话建议解决办法和具体步骤。

③ 将顾客满意度的资料整理存档。

四、汽车维修工艺流程

汽车维修包括诊断、修理和检验 3 个环节。修理的故障车辆通常都需要经过诊断才能确定修理的项目。

（一）汽车故障诊断

1. 故障诊断方法

汽车故障诊断是当汽车部分或完全丧失工作能力的现象发生后，在不解体或仅拆下在个别小件的条件下，对汽车所进行的确定汽车技术状况、查明故障部位及原因的检查。按照检测手段的不同，汽车故障诊断方法可分为人工经验诊断法和仪器设备诊断法两种。

（1）人工经验诊断法。

该诊断法是诊断人员凭借丰富的实践经验和一定的理论知识，在汽车不解体或局部解体的情况下，借助简单的检查工具，主要采用眼看、耳听、手摸、鼻闻等手段进行检查、试验，分析和确定汽车故障原因和部位的诊断方法，如图 1-1-3 所示。人工经验诊断法是汽车故障诊断的传统方法，也是基本方法。即使在现代仪器诊断技术飞速发展的今天，也不可能取消。人工经验诊断是汽车故障诊断的基础，可以对汽车故障做出初步的判断和定性的分析。

图 1-1-3　人工经验诊断法

（2）仪器设备诊断法。

这种诊断法是诊断人员在汽车不解体或局部解体的情况下，采用现代检测诊断仪器设备对汽车各种参数进行检测、试验、分析，最终确定汽车故障原因和部位的诊断方去，如图 1-1-4 所示。仪器设备诊断法是汽车故障诊断的现代方法，可以对汽车故障做出精确判断和定量分析，准确地诊断出汽车复杂的综合性故障。随着汽车故障诊断技术的发展，越来越多地运用故障诊断分析法（又称为计算机自诊断分析法）。它是汽车维修人员使用专用的汽车故障计算机诊断仪，从汽车系统中调取故障码后，按照维修手册中提供的故障码诊断流程图表进行故障诊断分析的方法。这种方法属于仪器设备诊断法中较特殊的方法。

图 1-1-4　仪器设备诊断法

在进行汽车故障诊断的实际工作中，上述两种方法往往同时应用，故而它们统称为综合诊断法。

2. 汽车故障诊断流程

汽车故障诊断的过程就是由汽车维修人员从汽车的故障现象出发，熟练应用各种检测设备对汽车进行全面、综合的检测，根据对汽车结构的认识，运用汽车原理，对测试结果进行综合分析，再对故障部位和原因做出确切判断的一系列过程。汽车诊断应该包括技术检测、性能试验和结果分析三部分内容，其诊断流程如图 1-1-5 所示。

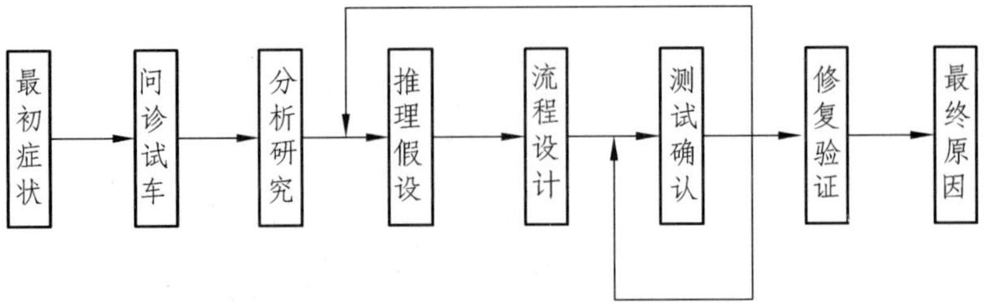

图 1-1-5　汽车故障诊断流程

（二）汽车故障修理

汽车修理的方法主要有就车修理法和总成互换修理法两种。

就车修理法是指汽车在修理过程中原车的零件、组合件及总成不能互换，修理后仍装回原车的修理方法。由于就车修理法各总成的修理周期不同，装配的连续性经常受到影响，只有等修理周期最长的总成修竣后方能装配汽车，因此大修周期较长。其工艺流程如图 1-1-6 所示。

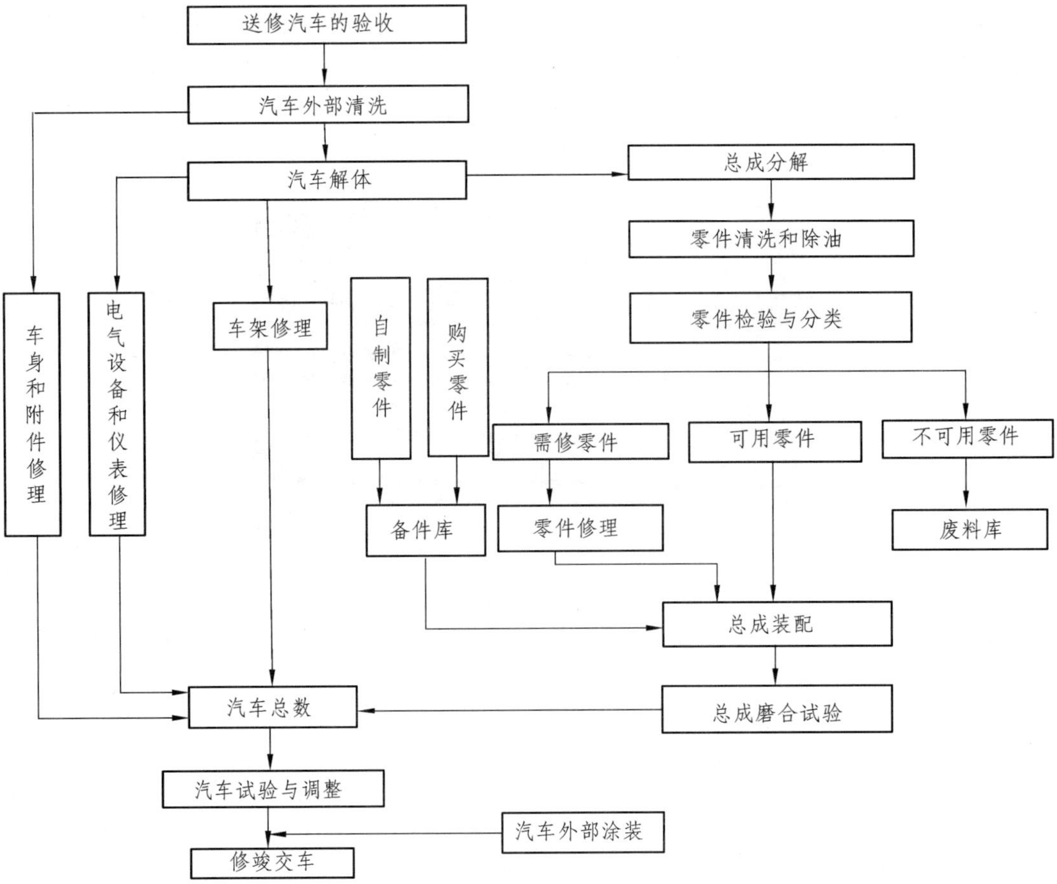

图 1-1-6　就车修理工艺流程

总成互换修理法是指汽车在修理过程中，除车架外，其余需修的总成都可以换用周转储备总成中预先修好（或新的）总成，而替换下来的总成另行安排修理以备下次换用。由于总成修理法利用了备用总成，保证了修理的连续性，从而大大缩短了汽车的修理停厂周期。采用总成互换修理法时，企业承修的车型必须单一，而且互换总成的修理质量必须要达到统一的修理标准，否则实施总成装配时就会发生困难。其修理工艺流程如图 1-1-7 所示。

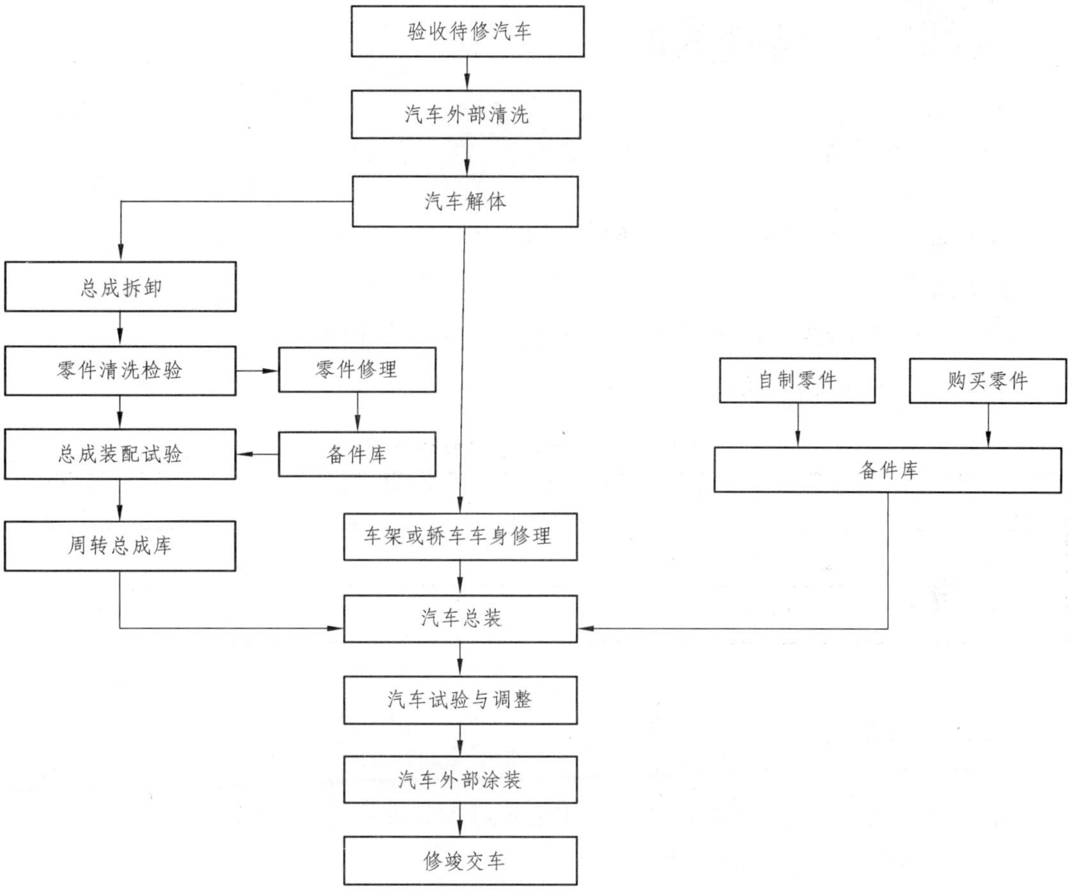

图 1-1-7　总成互换修理工艺流程

（三）汽车修理竣工出厂检验

汽车维修竣工出厂验收标准应符合国家相关标准。

汽车修理竣工出厂检验应由专职总检验员负责，以代表用户验收车辆。汽车修理竣工出厂检验分为初检、复检和路试 3 个步骤。

初检：由车间检验人员负责，初检中所发现的问题只作为汽车修理过程中的收尾问题，由车间检验人员及调度人员督促完成。

复检：复检中所发现的问题即为汽车修理过程中的质量问题，应责令主修人或主修班组返工。

路试：由出厂质量检验人员会同用户共同进行。

任务实施

一、实施准备

任务名称：汽车故障诊断工艺图的绘制。

资源要求：

（1）根据工位数量将学生分组，每小组 5 人分工协作操作。

（2）操作设备及资料清单见表 1-1-1。

表 1-1-1　操作设备及资料清单

序号	名称	数量
1	车辆维修手册	1
2	A1 图纸、彩色笔等	5

二、任务执行

小组讨论合作，绘制车辆故障诊断工艺流程图，并进行小组展示。

任务完成后做好现场 5S 工作。

考核评价

实施评价见表 1-1-2。

表 1-1-2　任务实施评价

检验项目	评价标准	评价方式			得分
流程图是否完成	根据需要进行试车验证（40%）	自评	互评	教师评价	
诊断计划是否合理	按照计划顺利诊断故障（20%）				
诊断计划设计是否规范	诊断过程规范、流程清晰（20%）				
现场 5S 工作情况	工具整理、现场清扫等（20%）				

课后拓展

1. 什么是汽车维修？汽车大修和汽车小修各有什么特点？
2. 汽车维修的 3 个环节各有什么要求？

任务二　汽车维修常见工具的使用

情景导入

小明舅舅家汽车维修厂开业了，小明兴冲冲地跑去参观。当他看到维修车间里整齐摆放的工具箱时，脑子里充满了疑问：该怎么使用这些工具呢？请你作为维修人员，给小明做一个说明并简单示范。

知识准备

随着汽车技术的不断发展，现在的汽车维修已经变成“三分技术，七分工具”。正确地选用工具对汽车维修非常重要。汽车维修工具主要分为维修通用工具和维修检测工具。通用工具主要包括扳手、旋具、钳子、电动及气动工具等，如图 1-2-1 所示。汽车维修检测工具主要包括万用表、百分表、千分尺、汽车电控系统故障测试仪、四轮定位仪、示波器等，如图 1-2-2 所示。

图 1-2-1　汽车维修通用工具

图 1-2-2　汽车维修检测工具

一、汽车维修通用工具

（一）扳手的使用

扳手的种类繁多，汽车维修常用扳手主要有开口扳手、梅花扳手、套筒扳手、活动扳手、扭力扳手等。

1. 开口扳手

开口扳手（又称呆扳手）是最为常见的一种扳手，其开口中心平面和本体中心平面成 15°角，这样既适应人手的操作方向，又可降低对操作空间的要求，如图 1-2-3 所示。开口扳手通常成套装备，有 8 件一套、10 件一套等。

（a）单头扳手　　　　（b）双头扳手

图 1-2-3　开口扳手

开口扳手的开口是与螺钉头、螺母尺寸相适应的，在使用扳手时应选择合适的尺寸型号，如果不当容易使螺栓或螺母的棱角损坏，如图 1-2-4 所示。

图 1-2-4　开口扳手的使用

2. 梅花扳手

梅花扳手的两端是环状的，环的内孔由两个正六边形互相同心错转 30°而成。使用时，扳动 30°后，即可换位再套，因而适用于狭窄场合下的操作，如图 1-2-5 所示。与开口扳手相比，梅花扳手强度高，使用时不易滑脱，但套上取下不方便。梅花扳手通常成套装备，有 8 件一套、10 件一套等。

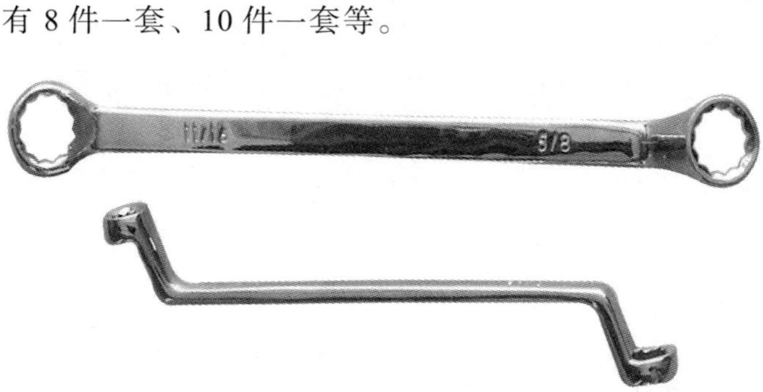

图 1-2-5　梅花扳手

使用开口扳手和梅花扳手时，大拇指抵住扳头，另外四指握紧扳手柄部往身边拉扳，切不可向外推扳，扳手的平面一定要和螺帽平行且用力适度；使用扳手在遇到有过紧的螺栓或螺母时，不可用力过猛；注意运动的方向有没有尖锐的物体，以防螺栓突然松脱，手撞到尖锐物体而受伤；使用时不准在扳手上任意加套管或锤击，不能将扳手当撬棍使用。

3. 套筒扳手

套筒扳手由一套尺寸不等的梅花筒组成，其材料、环孔形状与梅花扳手相同，如图 1-2-6 所示，使用时用弓形的手柄连续转动，工作效率较高。它适用于拆装位置狭窄或需要一定扭矩的螺栓或螺母，螺帽的棱角不易被损坏，特别适合使用空间较小的地方。

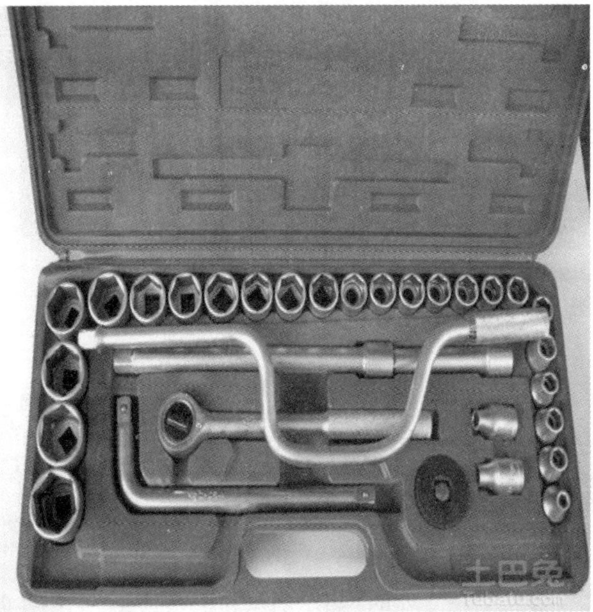

图 1-2-6　套筒扳手

使用套筒扳手时应根据螺栓螺母的尺寸选好套筒，套在快速摇柄的方形端头上（视需要与长接杆或短接杆配合使用），再将套筒套住螺栓螺母，转动快速摇柄进行拆装；用棘轮手柄扳转时，不准拆装过紧的螺栓螺母，以免损坏棘轮手柄；拆装时，握快速摇柄的手切勿摇晃，以免套筒滑出或损坏螺栓螺母的六角；禁止用锤子将套筒击入变形的螺栓螺母的六角进行拆装，以免损坏套筒；禁止使用内孔磨损过甚的套筒；工具用毕，应清洗油污，妥善放置。

4. 活动扳手

活动扳手的开口尺寸能在一定范围内任意调整，其使用场合与开口扳手相同，但活动扳手操作起来不太灵活，如图 1-2-7 所示。

图 1-2-7　活动扳手

活动扳手使用时右手握手柄，手越靠后扳动越省力。扳动小螺母时，因需要不断地转动蜗轮，调节扳口的大小，所以手应握在靠近呆扳唇的位置，并用大拇指调制蜗轮，以适应螺母的大小。活动扳手的扳口夹持螺母时，呆扳唇在上，活扳唇在下，切不可反过来使用，如图 1-2-8 所示。

图 1-2-8　活动扳手的使用

5. 扭力扳手

扭力扳手有一根长的弹性杆，其一端装着手柄，另一端装有方头或六角头，在方头或六角头套装一个可换的套筒用钢珠卡住，如图 1-2-9 所示。扭力扳手可读出所施扭矩大小，当要求一定数值的旋紧力或几个螺母（或螺钉）需要相同的旋紧力时，则需使用扭力扳手。除用来控制螺纹件旋紧力矩外，还可以用来测量旋转件的起动转矩，以检查配合、装配情况。

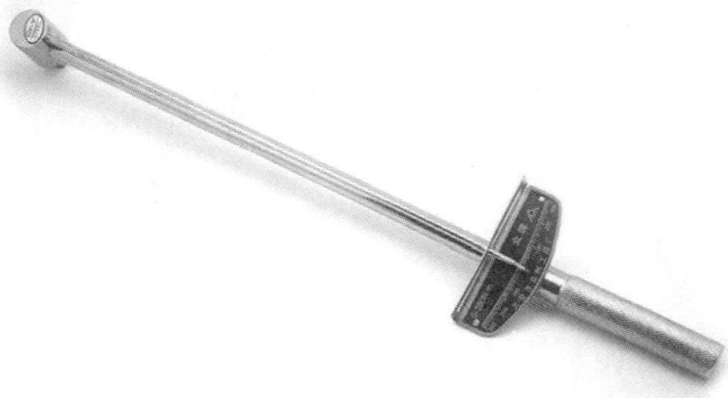

图 1-2-9　扭力扳手

扭力扳手在使用时应注意以下几点：

（1）拆装时用左手把住套筒，右手握紧扭力扳手手柄往身边扳转。禁止往外推，以免滑脱而损伤身体。

（2）对要求拧紧力矩较大，且工件较大、螺栓数较多的螺栓螺母时，应分次按一定顺序拧紧。

（3）拧紧螺栓螺母时，不能用力过猛，以免损坏螺纹。

（4）禁止使用无刻度盘或刻度线不清的扭力扳手。

（5）拆装时，禁止在扭力扳手的手柄上再加套管或用锤子锤击。

（6）扭力扳手使用后应擦净油污，妥善放置。

（7）预调式扭力扳手使用前应做好调校工作，用后应将预紧力矩调到零位。

各类扳手的选用原则：一般优先选用套筒扳手，其次为梅花扳手，再次为开口扳手，最后选活动扳手。

（二）旋具的使用

旋具俗称“螺丝刀”或“起子”，常见的旋具分为“十”字、“一”字两种，其主要作用是将旋具的十字头或一字头插入螺丝槽内，旋动手柄使螺钉松动。

1.“一”字形旋具

“一”字形旋具主要用于旋紧或松开头部开一字槽的螺钉，由刀柄、刀体和刃口组成，如图 1-2-10 所示。其工作部分用碳素工具钢制成，并经淬火处理，其规格以刀体部分的长度来表示。

图 1-2-10 “一”字形旋具

2.“十”字槽旋具

“十”字槽旋具用于旋紧或松开头部带十字沟槽的螺钉，材料规格与“一”字形旋具相同，如图 1-2-11 所示。

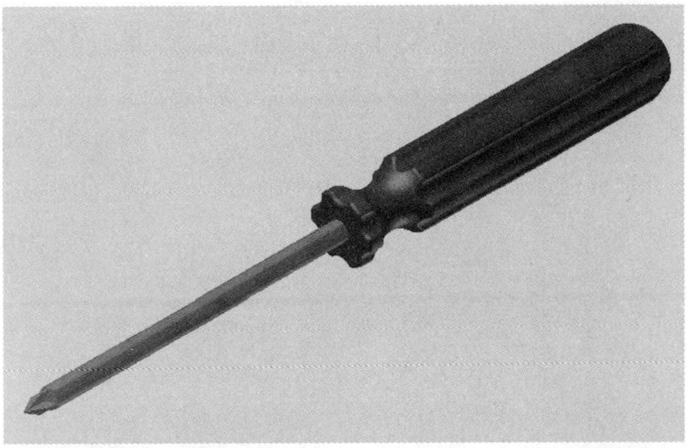

图 1-2-11　“十”字槽旋具

使用旋具时，旋具头部一定要确实嵌入螺帽的槽中，扭动旋具时，旋具中心线一定要与螺栓的中心线在一条轴线上；使用时，除施加扭力外，还应施加适当的轴向力，以防滑脱损坏零件。旋具型号规格的选择应以沟槽的宽度为原则。

（三）钳子的使用

钳子用于夹紧、固定、弯曲或切断材料，如图 1-2-12 所示。钳子固定夹紧材料有力，切断材料容易。汽车维修中常用的钳子主要有鲤鱼钳、钢丝钳、尖嘴钳、弯嘴钳等。在准备使用时，应尽量选择稍大一点的，比较好用。

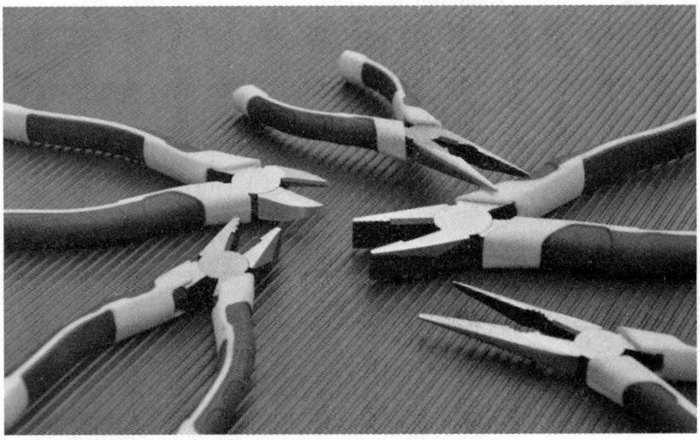

图 1-2-12　钳子

二、汽车常见检测设备的使用

（一）内径百分表的使用

百分表是一种精度较高的量具，如图 1-2-13 所示。其主要用于测量形状和位置误差，也可用于机床上安装工件时的精密找正。它只能测出相对数值，不能测出绝对数值。百分表的读数准确度为 0.01 mm。

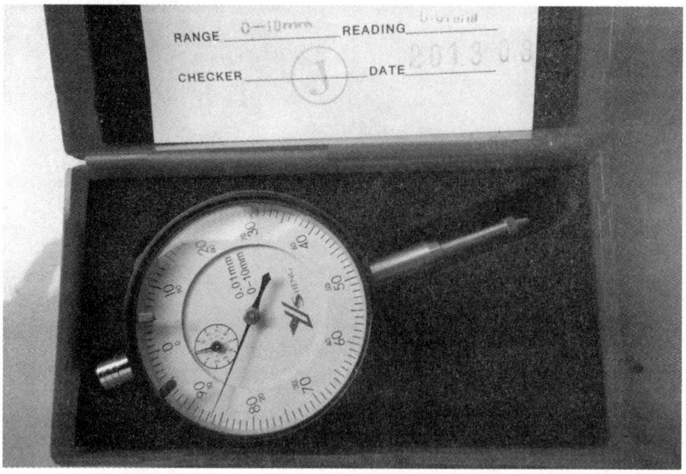

图 1-2-13　百分表

内径百分表又称为量缸表，如图 1-2-14 所示。它是将测头的直线位移变为指针的角位移的量具，用比较测量法完成测量，用于不同孔径的尺寸及形状误差的测量。

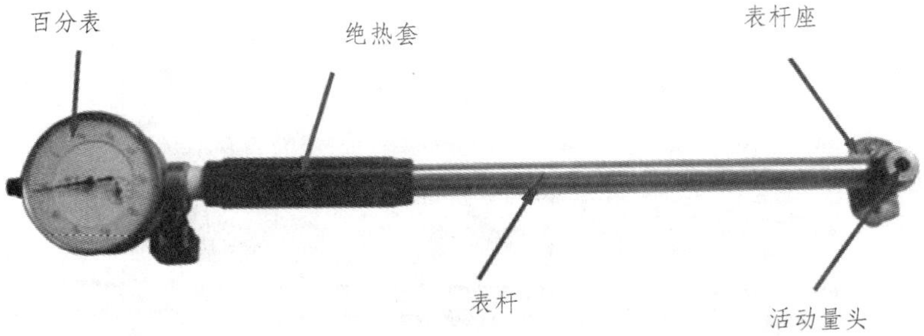

图 1-2-14　内径百分表

内径百分表即一般百分表，表架的测头端部有可换测头，另一端为量杆。测量内孔时，孔壁使量杆向左移动，推动摆块。摆块将杆向上推，从而推动百分表测杆，读出测量值。量毕，在弹簧的作用下量杆复位。

测量时，活动测头的移动使杠杆回转，通过传动杆推动百分表的测量杆，使百分表指针回转。由于杠杆是等臂的，百分表测量杆、传动杆及活动测头三者的移动量是相同的，所以活动测头的移动量可以在百分表上读出来。百分表测量读数加上零位尺寸即为测量数值。

（二）数字式万用表的使用

万用表是汽车电器的诊断工具，利用模拟、数字万用表检测汽车系统。目前汽车检测中广泛采用数字式万用表，它是一种新型的电工测量工具，具有很高的灵敏度和准确度，显示清晰直观，功能齐全性能稳定，如图 1-2-15 所示。

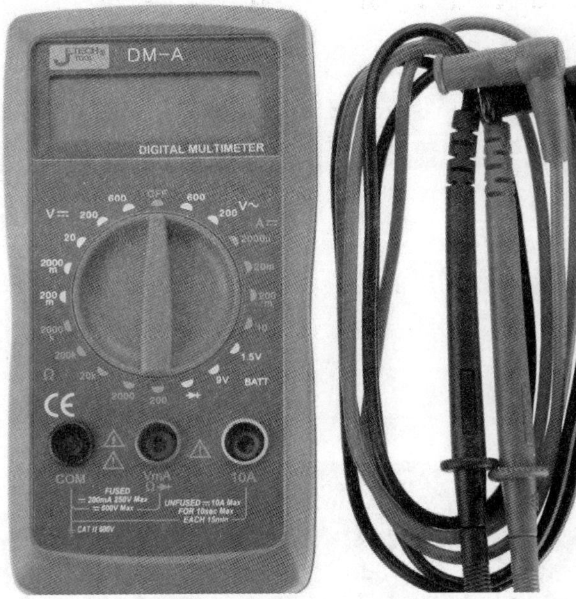

图 1-2-15　数字式万用表

1. 电压的测量

需要先区分交、直流电，6 个挡上的数字代表这 6 个挡所能测量的最大电压值。将挡位置于电压测量挡，红黑表笔接在被测设备两端，如图 1-2-16 所示。具体方法为：

（1）将表笔插到相应的孔内。

（2）估算电压大小，选择相应的挡位。

（3）将红色线连接被测元件正极，黑色线连接被测元件负极。

（4）读取相应数值。

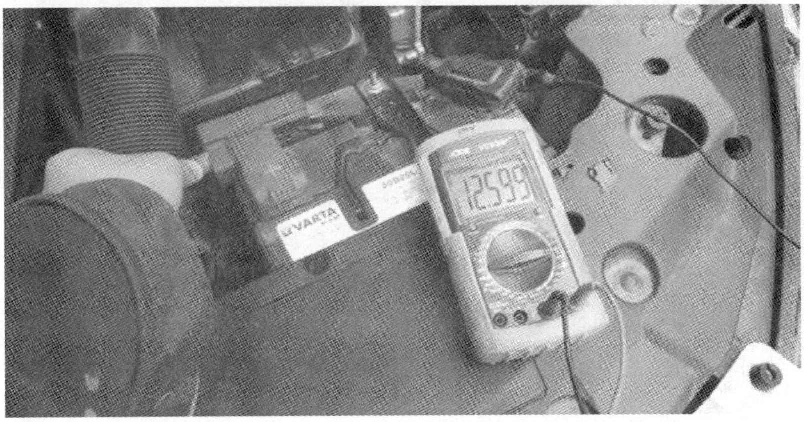

图 1-2-16　数字式万用表测量电压

如果不知道被测电压范围，应将功能开关置于最大量程上并逐渐降低量程（注意：不能在测量中改变量程）。如果显示器只显示“1”，则表示超过量程范围，功能开关应置于更高量程。

2. 电流的测量

需要先区分交、直流电，4 个挡上的数字代表这 4 个挡所能流过的最大电流值。将挡位置于电流测量挡，被测电流从红、黑表笔两端接入，如图 1-2-17 所示。具体方法如下：

（1）将表笔插到相应的孔内。

（2）估算电流大小，选择相应的挡位。

（3）测量时与被测量设备串联，将红色线连接被测元件正极，黑色线连接被测元件负极。

（4）读取相应数值。

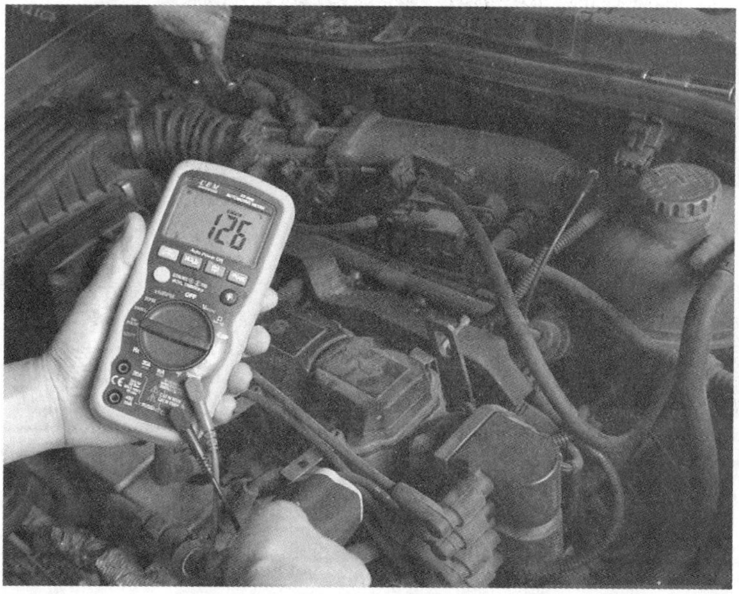

图 1-2-17　数字式万用表测量电流

3. 电阻的测量

挡位置于电阻测量挡，红黑表笔接在被测设备（电阻）两端，如图 1-2-18 所示。具体方法如下：

（1）将表笔插到相应的孔内。

（2）估算电阻大小，选择相应的挡位。

（3）测量时与被测量设备并联，设备断电测量。测量受其他设备影响时设备要脱离电路测量。

（4）读取相应数值。

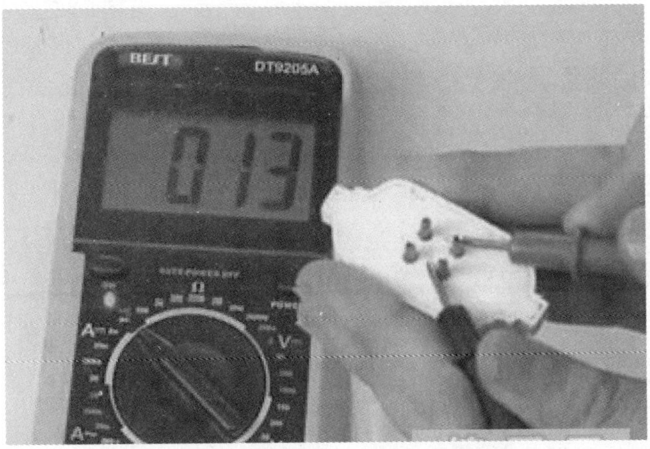

图 1-2-18　数字式万用表测量电阻

数字式万用表在使用过程中应注意以下几点：

（1）在测电流、电压时，不能带电换量程。在选择量程时，要先选大的，后选小的，尽量使被测值接近于量程。

（2）测电阻时，不能带电测量。因为测量电阻时，万用表由内部电池供电，如果带电测量则相当于接入一个额外的电源，可能损坏万用表。

（3）使用完毕后，应关闭电源。

（三）外径千分尺的使用

外径千分尺常简称为千分尺，是一种精密的长度测量仪器，其测量精度为 0.01 mm，如图 1-2-19 所示。按其量程，一般有 0 ~ 25 mm、25 ~ 50 mm、50 ~ 75 mm 等千分尺。

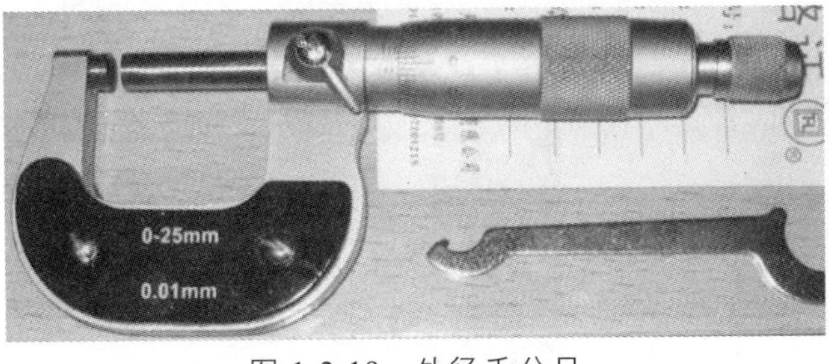

图 1-2-19　外径千分尺

根据螺旋运动原理，当微分筒旋转一周时，测微螺杆前进或后退一个螺距即 0.5 mm。当微分筒旋转一个分度后，即转过了 1/50 周，这时螺杆沿轴线移动了 1/50 × 0.5 mm = 0.01 mm，因此使用千分尺可以准确读出 0.01 mm 的数值。被测工件的尺寸 = 副尺所指的主尺整数 + 主尺中线所指的副尺的格数 × 0.01 mm。

任务实施

一、实施准备

任务名称：用数字式万用表测量蓄电池电压及点火线圈电阻。

资源要求：

（1）根据工位数量将学生分组，每小组 5 人分工协作操作。

（2）做好蓄电池安全防护工作，做好现场 5S 工作。

（3）操作设备及资料清单见表 1-2-1。

表 1-2-1　操作设备及资料清单

序号	名称	数量
1	CNG 汽车蓄电池	5
2	CNG 汽车点火线圈	5
3	数字式万用表	5
4	工作车型维修手册	5

二、任务执行

1. 利用数字式万用表测量 CNG 蓄电池电压

（1）将红表棒接“VΩ”孔，黑表笔插入“COM”孔，如图 1-2-20 所示。

图 1-2-20　表笔插孔

（2）选择量程，初步估算 CNG 汽车蓄电池电压为直流 12 V，根据估算电压范围，选择旋钮直流 20 V 量程，如图 1-2-21 所示。

图 1-2-21　旋钮选择电压

（3）将红表笔接 CNG 汽车蓄电池“+”端，黑表笔接蓄电池“-”端，读取所测电压值并记录，如图 1-2-22 所示。

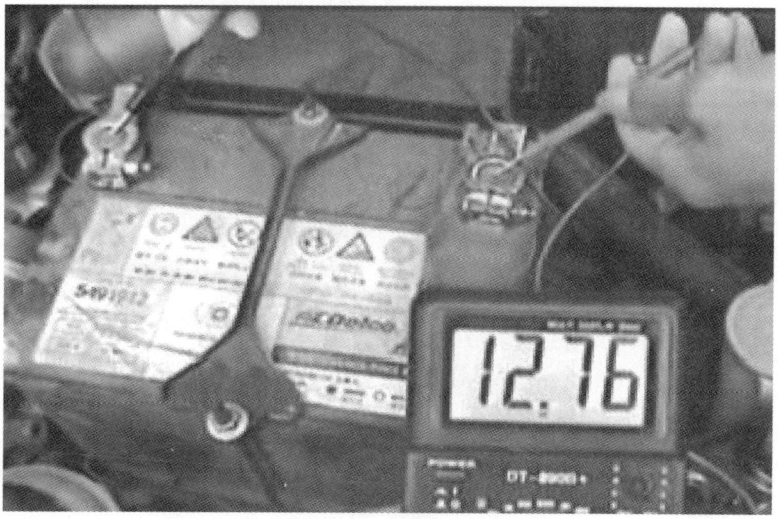

图 1-2-22　蓄电池电压测量

2. 利用数字式万用表测量 CNG 汽车点火线圈电阻

（1）将红表棒接 “VΩ” 孔，黑表笔插入 “COM” 孔，如图 1-2-20 所示。

（2）选择量程，初步估算 CNG 汽车点火线圈 7.8 kΩ，根据估算电压范围，选择旋钮直流 20 kΩ量程，如图 1-2-23 所示。

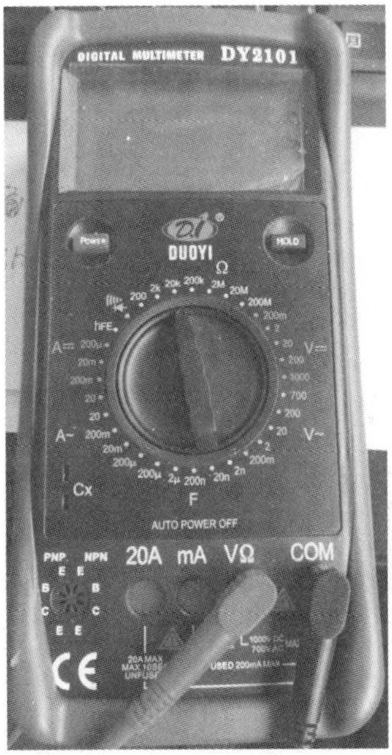

图 1-2-23 电阻测量量程选择

（3）然后将两根表棒分别接触被测电阻两端，注意线圈电阻必须与其他元件断开，读取测得的电阻值并记录，如图 1-2-24 所示。

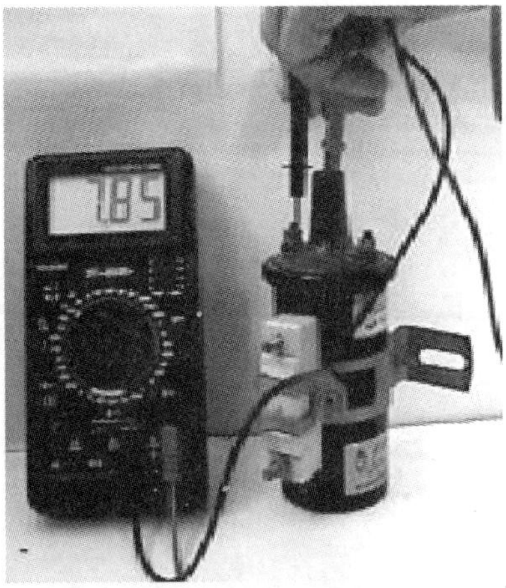

图 1-2-24 点火线圈电阻测量

（4）将实训物品及设备归位，并做好现场 5S 工作。

考核评价

实施评价见表 1-2-2。

表 1-2-2　任务实施评价

检验项目	评价标准	评价方式			得分
测试流程图是否完成	根据需要进行验证（40%）	自评	互评	教师评价	
测试计划是否合理	按照计划顺利检测电压及电阻（20%）				
诊断计划设计是否规范	诊断过程规范、流程清晰（20%）				
现场 5S 工作情况	工具整理、现场清扫等（20%）				

课后拓展

1. 汽车维修常用的工具有哪些？
2. 汽车百分表主要应用在哪些场合？

项目二

CNG 汽车发动机检测与维修

知识引入

CNG 汽车在运行过程中，发动机故障是其常见故障之一。发动机良好的维护和维修质量，对 CNG 汽车技术状况的保持具有积极意义。

任务一　CNG 发动机异响故障检测与维修

情景导入

小明跟舅舅驾驶一辆 CNG 汽车去购买汽修配件，在途中听到汽车发动机一阵响动，舅舅告诉小明，汽车发动机出现了故障，于是他们迅速回到修理厂进行维修。请你作为负责此次维修的技师，对此故障进行检测并排除。

知识准备

CNG 发动机正常工作时伴随着一种平稳而有节奏、协调的声音。当发动机在工作中产生的超出技术文件规定的不正常响声称为发动机异响。发动机异响往往是发动机某些故障的表现，若不及时排除，将会造成机件的加速磨损，甚至发生事故性的损坏。因此，必须及时判断，采取必要的维修措施排除故障。

一、发动机异响的影响因素及类别

（一）发动机异响的影响因素

影响 CNG 发动机异响的因素较多，配合间隙、润滑条件、温度、负荷、速转等是影响发动机异响的常见因素。

1. 配合间隙

配合间隙是汽车装配质量的重要指标。当润滑、温度、负荷和速度等一定时，CNG 发动机异响是随配合间隙的增大而变得明显。发动机某些运动机件因自然磨损或异常磨损使间隙增大，超出技术规定范围，导致发动机产生异响，如活塞与缸套的配合间隙越大，响声也越明显。

2. 润滑条件

润滑是发动机正常工作的重要保证。品质好的润滑油和适宜的压力就能产生较好的润滑油膜。润滑油膜越厚，机械冲击就越小，噪声也就越小，异响就不易发生。如果润滑油膜过薄，导致运动副磨损加剧，则容易发生异响而且明显又清晰。

3. 工作温度

金属零部件受到高温作用引起几何形状变化，这种变形又影响到配合间隙的变化。如活塞与缸壁间隙过大，当发动机处于低温时会发出声响，当温度升高后声响减小甚至消失。同时，润滑油在高温下易变质和变稀（润滑油黏度下降），使润滑油膜厚变薄，润滑性能变差。

4. 负　荷

发动机负荷越大异响越明显。根据异响随负荷变化的规律和特点就可判定故障的性质和位置。例如，发动机稳定在怠速运转，就可听到清晰的活塞敲缸响；而不严重的连杆轴承响则需要急抖节气门才能听到；活塞敲缸响和连杆轴承响都有在单缸断火后异响减弱或消失的特点，利用这一特点不仅能确定故障的性质，而且还能找出故障的位置。

5. 速　度

当 CNG 发动机运动速度的频率是异响频率的整数倍时，会产生共振现象，于是异响加剧。每种异响在其响声最明显时都对应一个运动速度段（速度范围）。如活塞敲缸响在发动机的低速段最明显；连杆轴承响在发动机的中速段最为明显；传动轴不平衡响在汽车中速以上行驶时最突出，随着车速的升高，传动轴的振动也随之加剧。

（二）发动机异响的类别

1. 曲轴主轴承响

CNG 发动机稳定运转时声响不明显，急加速或负荷较大时，发出较沉重、有力、有节奏的“铛铛”声，严重时机体振抖。其具体表现见表 2-1-1。

表 2-1-1　曲轴主轴承异响的具体表现

异常现象	具体表现
声音与振动	加速时会发出沉重而有力的“咚、咚、咚”金属敲击声，严重时机器发生很大振动
声音受转速影响	响声随发动机转速的提高而增大
声音受负荷影响	响声随负荷增加而增强
声音受温度影响	温度变化时响声不变化
其他现象	单缸断火时响声无明显变化，相邻两缸同时断火时响声会明显减弱
后道轴承发响	声音钝重发闷
前道轴承发响	声音较轻、较脆
曲轴轴向窜动	在低速下采用微抖节气门的方法，可听到较沉重的“喀噔、喀噔”响声

2. 连杆轴承响

CNG 发动机怠速运转时无异响或响声较小，急加速时有较重且短促的“铛铛铛”明显连续的敲击声。这是连杆轴承响的主要特征，严重时怠速也能听到明显响声。连杆轴承响比主轴承响清脆、缓和、短促，其具体表现形式见表 2-1-2。

表 2-1-2　连杆轴承异响的具体表现

异常现象	具体表现
声音与振动	连杆轴承响比曲轴主轴承的响声轻微，是缓和而又短促的“哐、哐、哐”连续、明显的敲击声
声音受转速影响	发动机突然加速时，响声明显加剧，是连杆轴承异响的主要特点。当连杆轴承严重松旷时，怠速运转也能听到明显的响声，且机油压力降低
声音受负荷影响	响声随负荷增加而加剧
声音受温度影响	不受发动机温度变化的影响
其他现象	用旋具将火花塞逐缸搭铁，进行单缸断火，响声明显减弱或消失，但复火时响声又立即出现，即具有所谓响声“上起子（旋具）”现象

3. 活塞敲缸异响

CNG 发动机活塞敲缸异响指活塞上下运动时在气缸内摆动或窜动，其头部或裙部与气缸壁、缸盖碰撞发出的响声。当发动机从怠速突然加速到中速时，有明显连续的“铛、铛”响；当负荷和转速增加时，响声也随之增加，急加速时尤为明显，其具体表现见表 2-1-3。

表 2-1-3 活塞敲缸的具体表现

异常现象	现 象
声音与振动	发动机在怠速或低速运转时，在气缸上部发出连续的清晰而沉重的“嗒、嗒、嗒”金属敲击声，振动较小
声音受转速影响	当突然加大油门时，响声变化为近似用锤子敲水泥地面的“嗒、嗒”声；发动机转速升至中速以上时，这种异响便会减弱或消失
声音受负荷影响	当响声严重时，负荷增加而响声愈大，但机油压力不降低
声音受温度影响	冷车时明显，热车时响声减弱或消失
其他现象	单缸断火时，响声明显减弱或消失

4. 活塞销响

CNG 发动机在怠速、低速和从怠速向低速抖动节气门时，发出响亮、尖脆而有节奏的“嘎嘎嘎”金属敲击声，类似两个钢球相碰的声音，呈上下双响。略将点火时间提前，声响加剧，在同样转速下比活塞敲缸响连续而尖锐，其具体表现见表 2-1-4。

表 2-1-4 活塞销异响具体表现

异常现象	具体表现
声音与振动	是一种较尖锐、清脆、有节奏的“嗒、嗒”金属敲击声，振动小
声音受转速影响	发动机在怠速、低速和从怠速向低速抖动节气门时，可听到明显而清脆的“嗒、嗒、嗒”的连续金属敲击声。响声严重时，转速越高，响声越大，但机油压力不降低
声音受温度影响	当发动机温度升高时，响声不减弱，有时甚至增强
其他现象	单缸断火时响声明显减弱或消失，在复火瞬间响声又出现或连续出现 2 个响声。活塞销间隙过大时，断火后响声反而明显连续，俗称“反上缸”现象

5. 气门异响

气门异响是一种连续而有节奏的“嗒、嗒、嗒”金属敲击声，在 CNG 发动机任何转速下均可听到，尤其是在怠速及中速时声音尤为清晰，且断火试验响声无变化。

6. 凸轮轴异响

凸轮轴异响是一种钝重的“嗒嗒”金属声。在 CNG 发动机处于怠速或中速运转时较为明显。同时凸轮轴附近还伴随有振抖，且断火试验响声无变化。

7. 液压挺杆异响

CNG 发动机怠速运转时发出有节奏的金属敲击声，中速以上响声减弱或消失。采用听诊器察听，凸轮轴附近响声明显，断火试验，响声无变化。

8. 点火敲击响

CNG 发动机空转急加速或负荷较大时，发出尖锐、清脆的“嘎啦嘎啦”的金属敲击响，好像几个钢球撞击的声音，随转速升高而逐渐消失。

二、CNG 发动机异响的原因及故障诊断

（一）CNG 发动机异响的原因分析

CNG 发动机在工作中发生异响的故障原因很复杂，但究其根本，主要原因如下：

1. 曲轴主轴承异响

造成发动机曲轴主轴承异响的主要原因有：

（1）因主轴颈磨损造成的主轴承配合间隙过大或配合不良。

（2）润滑油变质或压力过低导致曲轴主轴承润滑不良。

（3）主轴承盖螺栓松动，轴承合金脱落、烧损和轴承破裂等。

（4）曲轴弯曲造成曲轴主轴承与曲轴配合不良。

2. 连杆轴承异响

造成连杆轴承异响的主要原因有：

（1）连杆轴承或轴颈磨损，导致两者配合间隙过大或配合不良。

（2）机油压力过低或机油变质引起连杆与轴承润滑不良，导致轴承磨损过大，发生异响。

（3）连杆轴承盖螺栓松动或折断引起连杆与轴承配合间隙过大而导致异响。

（4）连杆轴承减磨合金脱落或烧毁导致连杆与轴承磨损过大而产生异响。

3. 活塞敲缸异响

活塞敲缸异响是发动机异响中最为常见的一种形式，其原因主要有：

（1）活塞与气缸壁磨损严重，使得两者配合间隙过大，在发动机运转时活塞敲击气缸。

（2）润滑条件不良，导致气缸壁润滑不良，活塞与气缸壁之间不能形成良好的机油膜，导致活塞与气缸壁之间严重摩擦。

（3）连杆变形，使得活塞中心线发生偏离，作用与气缸壁的侧向力加大，两者之间的摩擦力加重，当持续一段时间后，活塞与气缸壁之间配合间隙增大，导致活塞敲缸。

4. 活塞销异响

活塞销异响主要是由发动机工作状态下活塞销撞击活塞销座孔或气缸壁而产生，其主要原因有：

（1）活塞销与活塞销座孔、连杆衬套之间磨损严重，使得三者间配合间隙过大，导致活塞销在座孔内产生撞击。

（2）活塞销卡环松旷、脱落，导致活塞销在座孔内产生轴向移动，撞击气缸壁，产生异响。

（3）活塞销断裂。

5. 气门异响

造成气门异响的主要原因有：

（1）气门导管磨损严重，使得气门杆与气门导管配合间隙过大，导致在发动机工作时气门杆撞击气门导管，导致异响。

（2）凸轮轴变形或凸轮磨损严重，导致气门关闭不严，不仅严重影响发动机动力性，还会导致气门撞击气门座，产生异响。

6. 凸轮轴异响

凸轮轴异响声音较为钝重，其异响的主要原因有：

（1）凸轮轴与轴承配合间隙过大，导致凸轮轴与轴承之间产生异响，如轴承松动，凸轮轴与轴承配合松旷等。

（2）凸轮轴弯曲变形，并使轴颈和轴承发生偏磨，导致凸轮轴与轴承间产生撞击，产生异响。

（3）凸轮轴轴承烧毁或脱落。

7. 液压挺杆异响

现代CNG汽车普遍采用液压挺杆，在发动机异响故障中，液压挺杆异响是较为常见的一种，其主要原因有：

（1）液压挺杆偶件严重磨损，导致液压挺杆失效，产生异响。

（2）润滑条件异常，导致液压挺杆工作异常，产生异响。

8. 点火敲击响

汽油机点火敲击响主要是由爆震引起，其主要原因为混合气过稀、辛烷值太低、点火时间过早、压缩比过高、燃烧室积炭过多、发动机过热、负荷过大等。

（二）故障诊断流程

1. 曲轴主轴承异响

曲轴主轴承异响的诊断流程如图 2-1-1 所示。

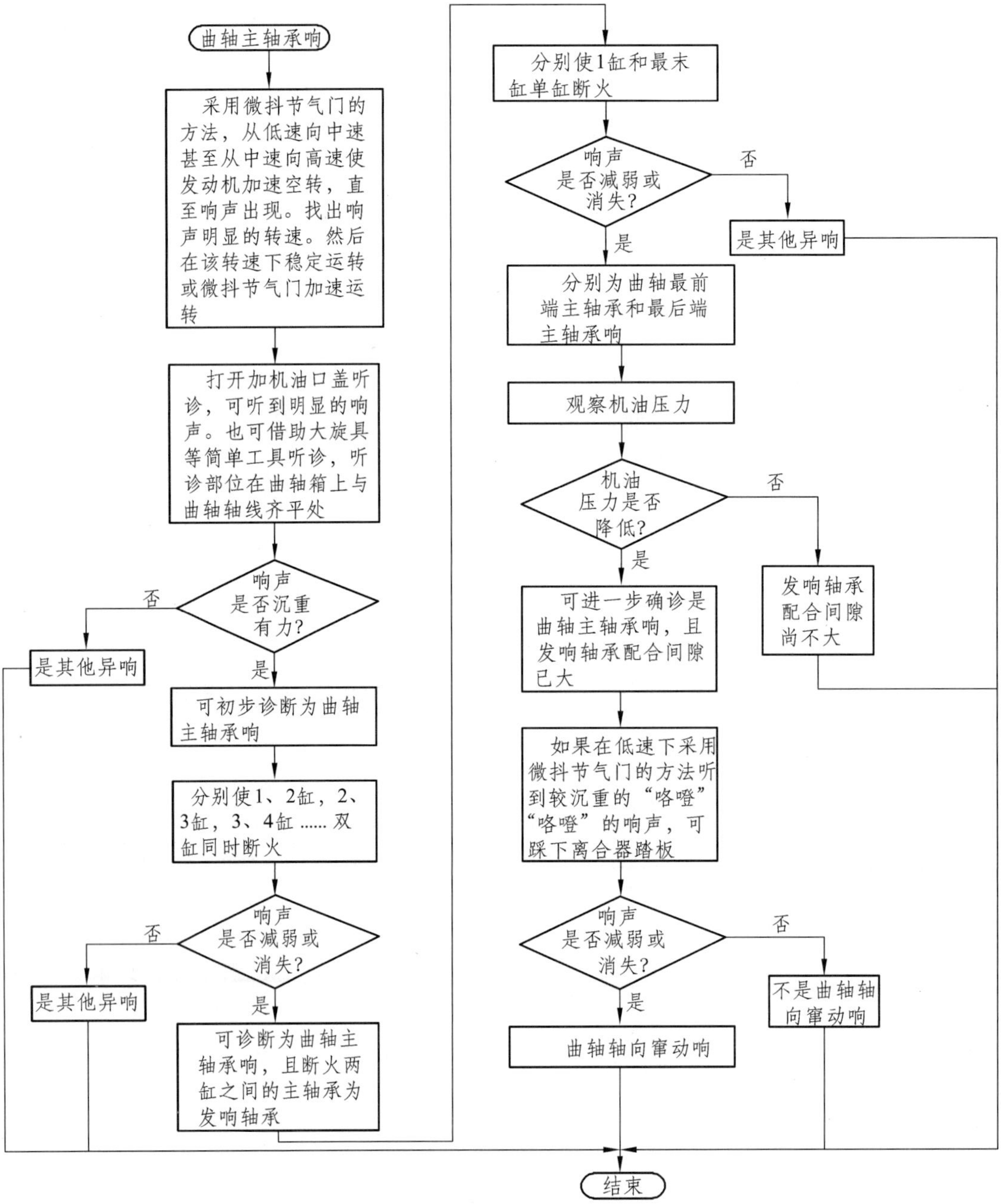

图 2-1-1　曲轴主轴承异响的诊断流程

2. 连杆轴承异响

连杆轴承异响的诊断流程如图 2-1-2 所示。

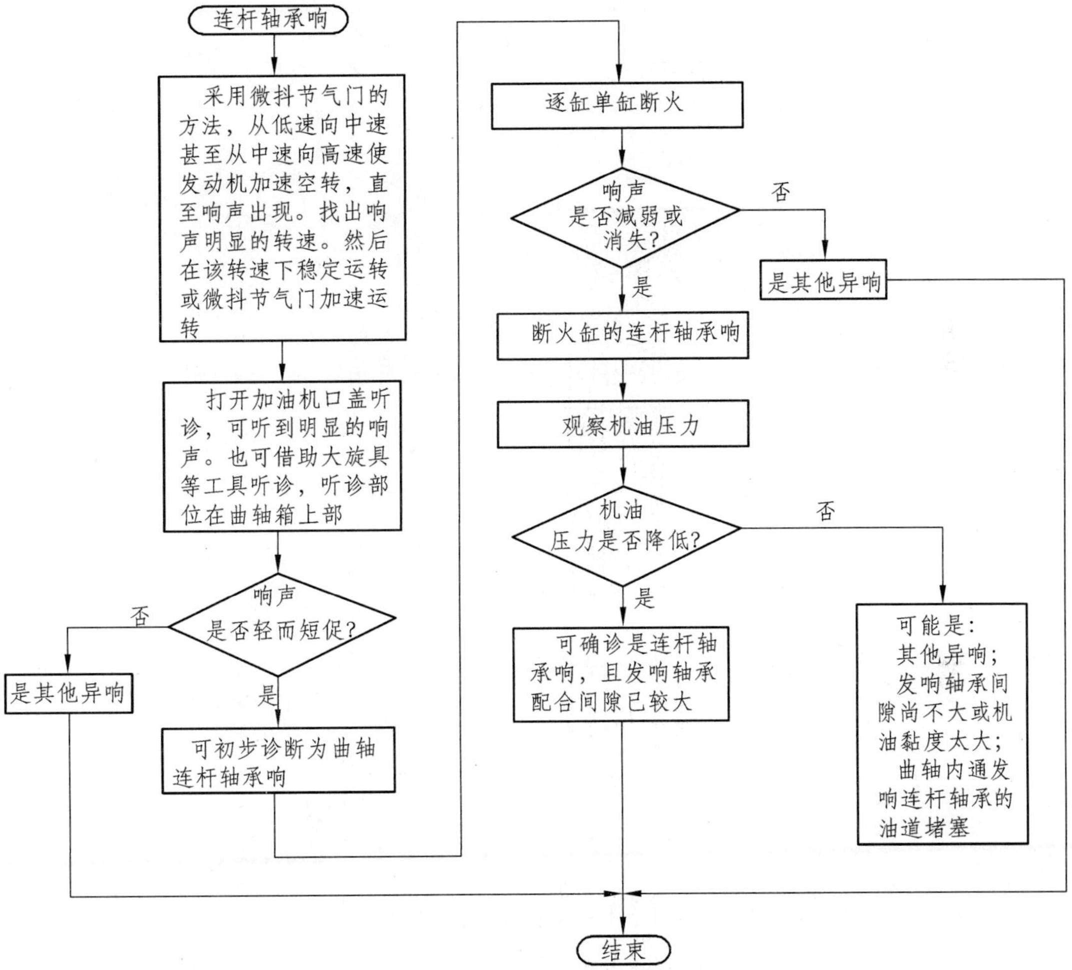

图 2-1-2　连杆轴承异响的诊断流程

3．活塞敲缸异响

活塞敲缸异响的诊断流程如图 2-1-3 所示。

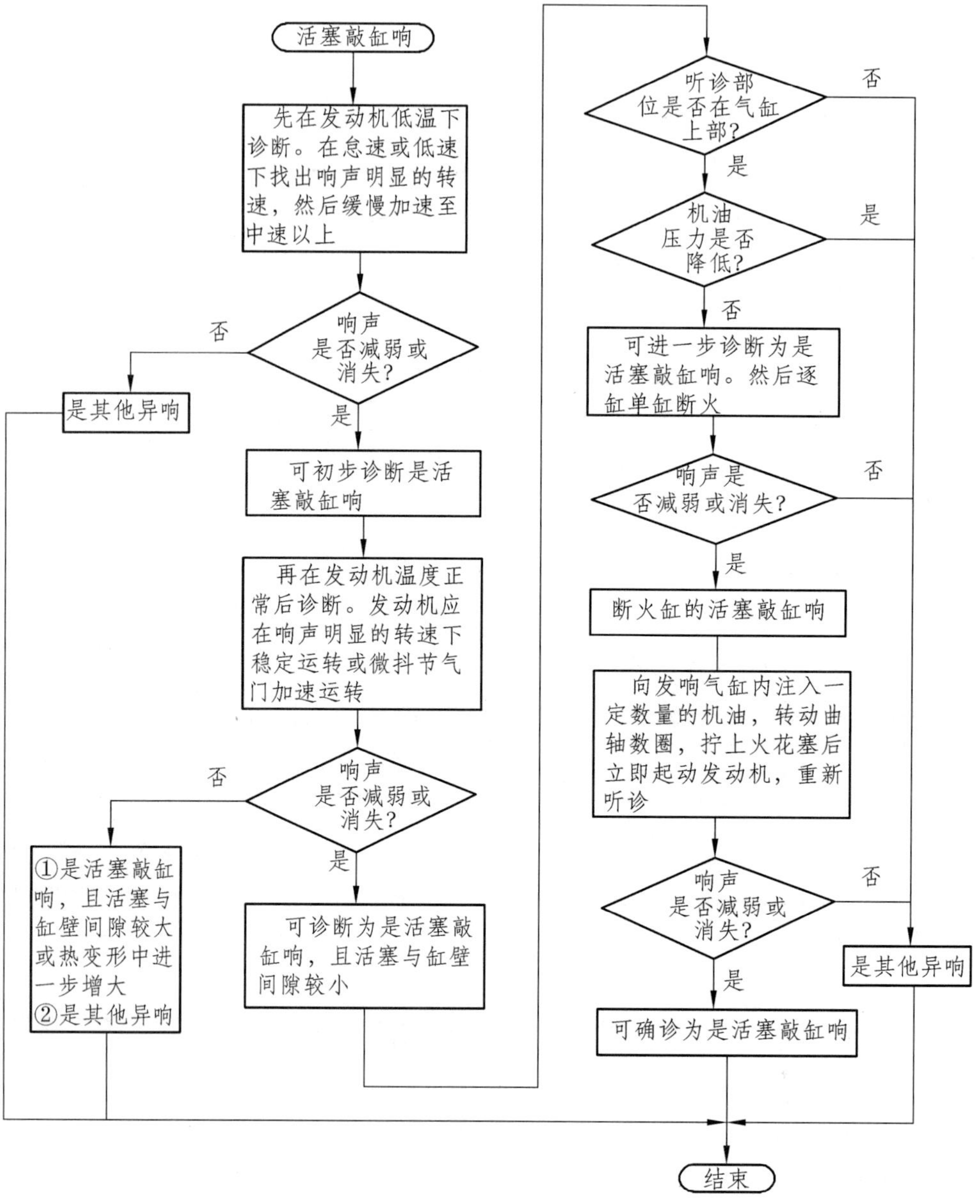

图 2-1-3　活塞敲缸异响的诊断流程

4. 活塞销异响

活塞销异响的诊断流程如图 2-1-4 所示。

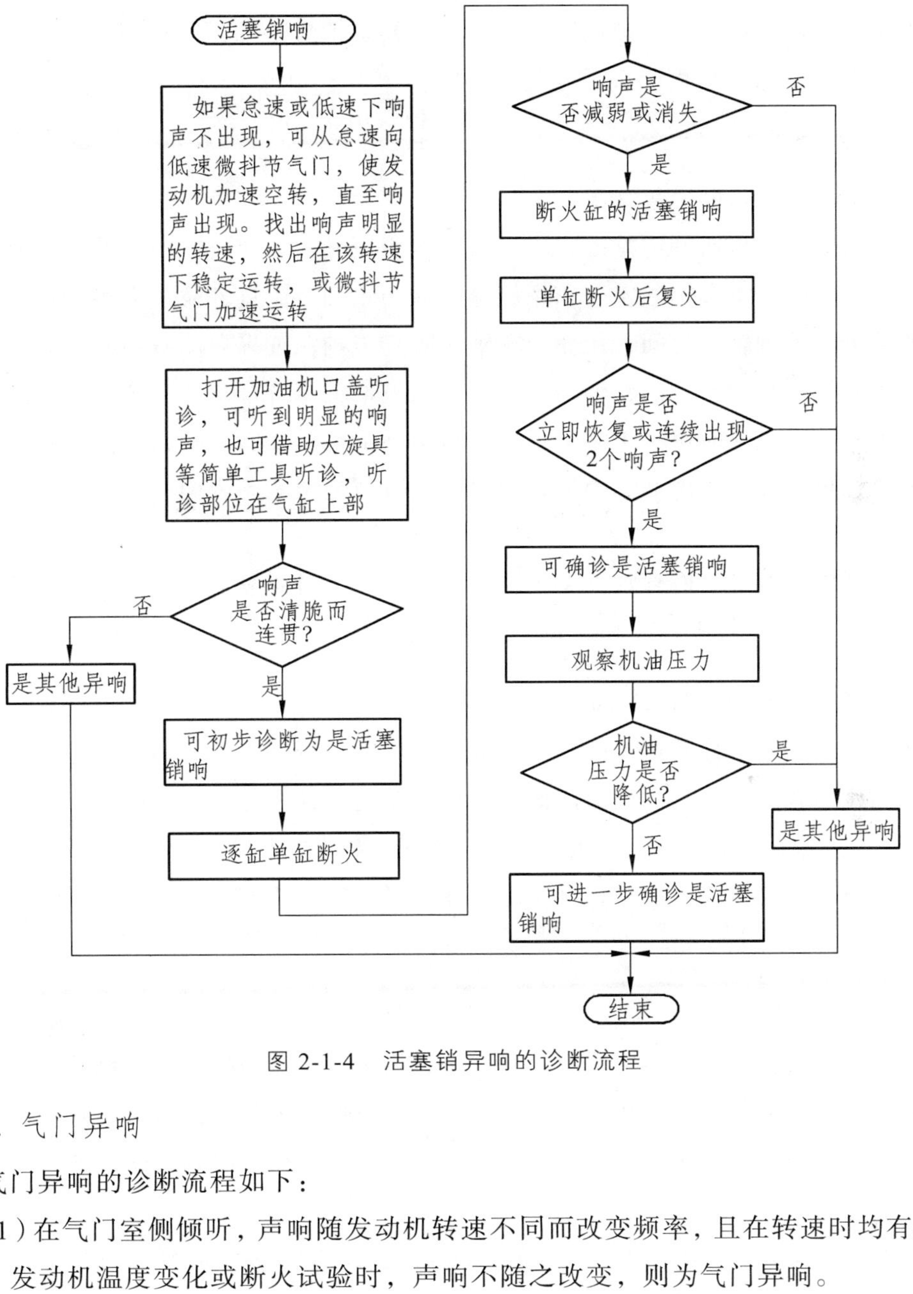

图 2-1-4 活塞销异响的诊断流程

5. 气门异响

气门异响的诊断流程如下：

（1）在气门室侧倾听，声响随发动机转速不同而改变频率，且在转速时均有异响；同时，发动机温度变化或断火试验时，声响不随之改变，则为气门异响。

（2）拆下气门室罩，使发动机怠速运转，用塞尺插入气门端部与摇臂间隙中，逐个试验。当塞尺插入时，声响随之减弱或消失，说明异响是因为气门间隙调整过大而造成的。

（3）若塞尺插入后，声响减轻但不消失，再用旋具撬住气门杆，声响消失，说明异响是因为气门杆磨损严重造成的。

（4）汽车有轻微的气门异响时可继续行驶，而后应及时进行检修。如果因气门间隙调整过大，应按要求将间隙调整合适；如果锁紧螺母松动，应在调整气门间隙后再紧固；如果调整螺钉磨损严重，应及时更换。

6. 凸轮轴异响

凸轮轴异响的诊断流程如下：

（1）怠速时，可听到钝重的“嗒、嗒”金属声响，中速时尤为明显，高速时似乎消失。拆下气门室盖和挺柱室盖，用旋具听诊凸轮轴及附近部位。可将旋具放在声响最响的两个凸轮轴轴承之间，压住凸轮轴，听其声响。如果异响减弱或消失，说明原因是凸轮轴松旷或歪曲、凸轮轴轴承松动、凸轮轴轴承合金烧毁或脱落。

（2）发动机怠速时声响正常，稍提高转速则出现较强的声响，类似气门异响的连续敲击声，再提高转速声响又消失，断火试验时声响依然，说明原因是凸轮轴轴向间隙过大。

若出现以上故障，应驾驶汽车慢行到修理厂，及时修复。

7. 液压挺杆异响

液压挺杆异响的诊断流程如下：

（1）若所有的挺柱都响，则首先检查机油压力是否正常。若正常，可能是由于液压挺柱导孔内有灰尘或胶黏物而使挺柱卡住，使通往柱塞的润滑油压力不足，润滑油品质不良，或因润滑油起泡沫所致。可拔出润滑油标尺，检查其上润滑油是否有泡沫。

（2）若一个或几个挺柱响，可断定是液压挺柱损坏或液压挺柱与导孔的配合间隙过大造成的。

8. 点火敲击异响

路试是诊断点火敲击响常用的可靠方法。热车后以最高挡最低稳定车速行驶，然后将加速踏板急速踩到底，如在急加速中发出“嘎啦嘎啦”的强烈响声并长时间不消失，而当稍抬加速踏板时响声又会立即减弱或消失，再加速时又重新出现，即可确诊为点火敲击响。

诊断中应注意点火敲击响与气门响的区别。气门响可发生在任何转速下，而点火敲击响发生在汽车加速行驶、爬坡和满载等情况下。发动机产生点火敲击响后，只要适当推迟点火正时，即可继续运行。如响声仍不消除，应进一步查明原因，检查是否有发动机过热或积炭过多等现象。

任务实施

一、实施准备

任务名称：用数字式万用表测量蓄电池电压及点火线圈电阻。

资源要求：

（1）根据工位数量将学生分组，每小组 5 人分工协作操作。

（2）做好现场 5S 工作。

（3）操作设备及资料清单见表 2-1-5。

表 2-1-5　操作设备及资料清单

序　号	名　称	型　号	数　量
1	实训用 CNG 汽车	CK6106	5
2	相应工具		若干
3	工作车型维修手册	CK6106	5

二、任务执行

1. 异响的确定

所谓异响的确定，是指从声响中找出异响。在众多混杂的发动机运转声响中，应确定哪些是正常的声响，哪些是异响。异响中哪些是尚允许存在的，哪些则是不允许继续存在，必须予以排除的，这是异响诊断过程中首先应明确的。异响的确定原则是：

（1）若声响在低速运转时显得轻微、单纯，在高速运转时虽显得轰鸣但却平稳均匀，在加速和减速时声响显得过渡圆滑，则为正常声响。

（2）若声响伴随着沉闷的“镗、镗”声，清脆的“铛、铛”声，短促的“嗒、嗒”声，细微的“唰、唰”声，尖锐的“喋、喋”声和强烈的“嘎、嘎”声等声响，即表明发动机存在不正常的声响。至于异响是否允许存在，可依据以下情况判断：

① 声响仅在怠速运转时存在，转速提高后即自行消失，在整个使用过程中声响又无明显变化的，则属于危害不大的异响，允许暂时存在，待适当时机再进行修理。

② 声响在突然加速或突然减速时出现，而且在中、高速运转期并不消失，同时又引起机体振抖，则属于不允许继续存在的异响，应立即查明原因，予以排除。

③ 如果声响是在运转中突然出现的，且又较猛烈，则不应继续运转或试听诊断，而应立即停机拆检。一般拆检顺序是先拆油底壳，再拆缸盖，最后拆气门室盖（罩）。

2. 异响的确诊

所谓异响的确诊是指对异响进行特性分析，进而认定异响的部位、原因和程度。就异响出现的时期和连续存在的时间而言，异响一般都分别存在于怠速或低速运转期间、高速运转期间、整个运行期间等几种时期。

（1）怠速或低速运转期间。

当遇到此种条件下出现的异响，可依以下顺序诊断：

① 用单缸断火法检查异响与缸位是否有关联。若某缸断火后异响有明显的变化，说明故障即在该缸；若某缸断火后异响并无明显的变化，说明异响与该缸并无关系。继而逐个缸检查异响与工作循环是否有关联，判定出故障所在部位。

② 逐渐提高发动机转速，听察异响有无变化，根据异响随转速的变化，判断运动机件耗损的程度。

③ 在诊断过程中，还应注意观察发动机温度的变化对异响的影响。通过上述过程的诊断，基本可查明异响与发动机的负荷、工作循环、转速、温度之间的关系。如若异响与某种异响特性相符合，则可做出确诊结论。

（2）高速运转期间。

如果遇到此种条件下出现的异响，可依以下顺序诊断：

① 从低速逐渐提高发动机转速，直至高速运转。在此过程中，注意异响出现的时机。

② 当异响出现后，稳定于该转速运转，仔细听察异响，利用单缸断火法查明缸位。

③ 若难以查明缸位，则应用螺丝刀（或金属棒）听察法找到异响分布的区域。

④ 若在从低速逐渐提高转速的过程中，并不出现异响，而在急加速或急减速时出现异响，则可用单缸断火法，配以速度的急剧变化，判明异响所在缸位。

⑤ 在诊断过程中，同时还应注意机油压力、机油加注口、排气管等处的伴同现象变化，综合分析，从而得出确诊结论。

（3）运行期间。

运行中的发动机异响，一般都能在停车后使发动机处于同速度运转时得到重现，从而推断出异响故障的确诊结论。但有时也有例外，运行中的异响，停车后使发动机同速度运转，却不再出现这种异响。遇到这种情况则应调节节气门开度或急剧改变转速，一般都能使异响再现。然后再确诊缸位和原因，得出确诊结论。

有时运行中出现的异响，不一定是发动机产生的，也可能是其他机构产生的异响，为此应踩下离合器踏板或脱开变速器挡位，再做急加速试验。若异响消失，表明异响不在发动机而在底盘或车身部位。确诊故障位置后，按照前面所述流程进行作业。

考核评价

任务实施评价见表 2-1-6。

表 2-1-6 任务实施评价

检验项目	评价标准	评价方式			得分
流程图是否完成	根据需要进行试车验证（40%）	自评	互评	教师评价	
诊断计划是否合理	按照计划顺利诊断故障（20%）				
诊断计划设计是否规范	诊断过程规范、流程清晰（20%）				
现场 5S 工作情况	工具整理、现场清扫等（20%）				

课后拓展

1. 如何区分冷车异响和热车异响？
2. 如何区分到底是发动机异响还是底盘异响？

任务二　CNG 汽车发动机无法起动故障检测与维修

情景导入

小明舅舅早上准备驾驶一辆 CNG 汽车去采购一批汽车配件，却发现该车无法起动，经初步检查排除了蓄电池电压不足的原因。请你作为维修技师，对该故障进行检查及分析，并排除故障。

知识准备

CNG 发动机无法起动故障是 CNG 汽车使用过程中较为常见的故障之一，尤其是在气温较低的冬季。

一、CNG 汽车发动机无法起动故障现象

CNG 汽车发动机无法起动故障现象主要表现在以下两个方面：

（1）接通点火开关，起动机能正常转动，但汽车不能起动，且无起动征兆。

（2）起动发动机时，起动机能带动发动机正常运转，有轻微着火征兆，但无法起动。

需要注意的是，此故障现象与 CNG 发动机起动困难故障有所区别。CNG 发动机起动困难是指起动发动机时，起动机能带动发动机按正常速度运转，有明显起动征兆，但不能起动，或者连续多次起动发动机才能着火。因篇幅受限，本书仅讲解 CNG 汽车发动机无法起动故障。

二、CNG 汽车发动机无法起动故障原因分析

CNG 发动机要起动运转，除起动系统要正常工作外，还必须具备以下条件：

（1）点火系统提供足够的点火高压与能量。

（2）正确的点火正时。

（3）恰当的混合气浓度。

（4）正常的气缸压缩压力。

如果某个或多个工作要素异常，便会引起发动机不能起动或起动困难。因此，导致 CNG 发动机无法起动故障的因素较多。通过大量的案例和实践经验表明，导致 CNG 发动机无法起动故障的因素主要有起动系统、点火系统、燃气供给系统等故障。

1. 起动系统故障

起动系统是 CNG 发动机能否正常起动的关键因素。起动系统如出现起动机不运转、起动无力、起动打滑等故障时，无法给发动机提供起动所需的转矩，从而导致 CNG 发动机无法起动。

2. 点火系统故障

点火系统为 CNG 发动机起动时的缸内混合气提供火花，引燃可燃混合气，从而使得发动机开始做功冲程。其点火性能直接影响着发动机内可燃混合气的燃烧质量，

如点火系统无高压火或过弱、点火正时严重失准、火花塞故障等，都有可能无法引燃可燃混合气，导致 CNG 汽车无法起动。

3. 燃气供给系统故障

燃气供给系统是 CNG 汽车能否正常起动重要因素之一。在 CNG 起动工况，需要混合气浓度相对较大的可燃混合气，其过量空气系数α为 0.4 ~ 0.6，这就要求燃气供给系统必须提供足够燃气。混合气浓度过高或低，如燃气电路故障、天然气管路堵塞、减压器电磁阀故障、混合器故障等，都会导致 CNG 汽车无法起动。

三、CNG 汽车发动机无法起动故障检修流程

在 CNG 汽车发动机无法起动故障检修时，在进行 CNG 发动机动力不足故障诊断检修时，应遵循“先简后繁、先易后难、先外后内”的原则，现代 CNG 汽车发动机广泛采用电子控制管理系统，其工作原理如图 2-2-1 所示。

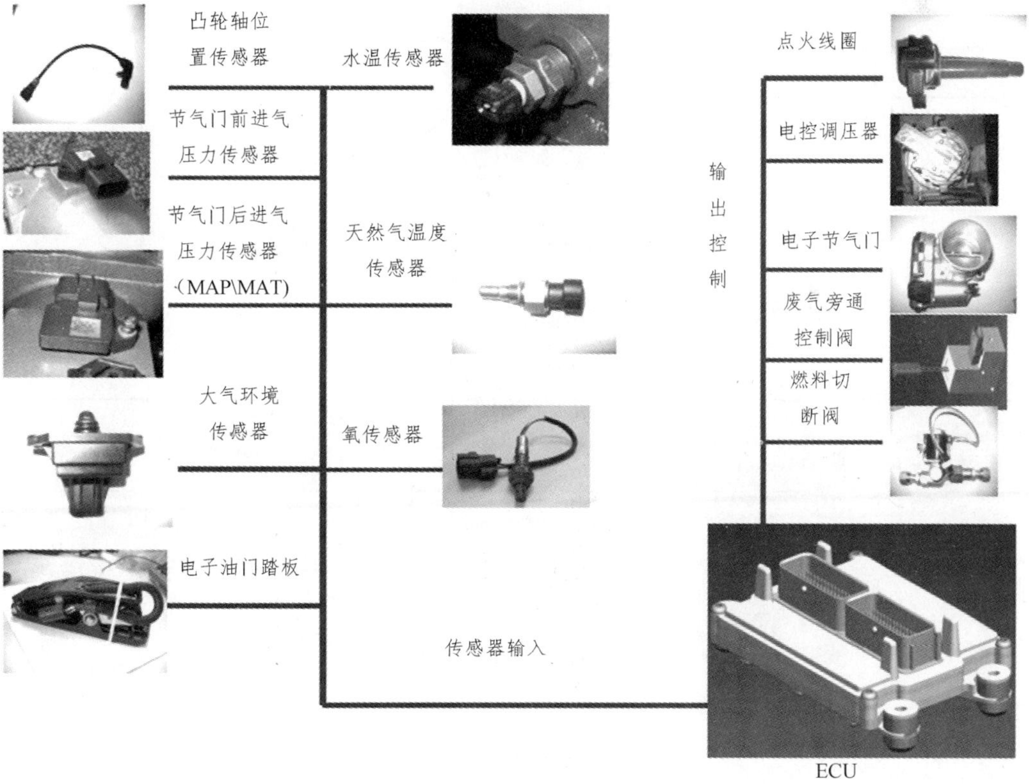

图 2-2-1 CNG 发动机控制系统工作原理

中央处理单元（ECU）具备自诊断功能。当发动机出现故障时，应首先通过故障诊断仪读取发动机故障码，如无故障码显示，再进行机械部分的故障检查与维修。

其检修流程如图 2-2-2 所示。

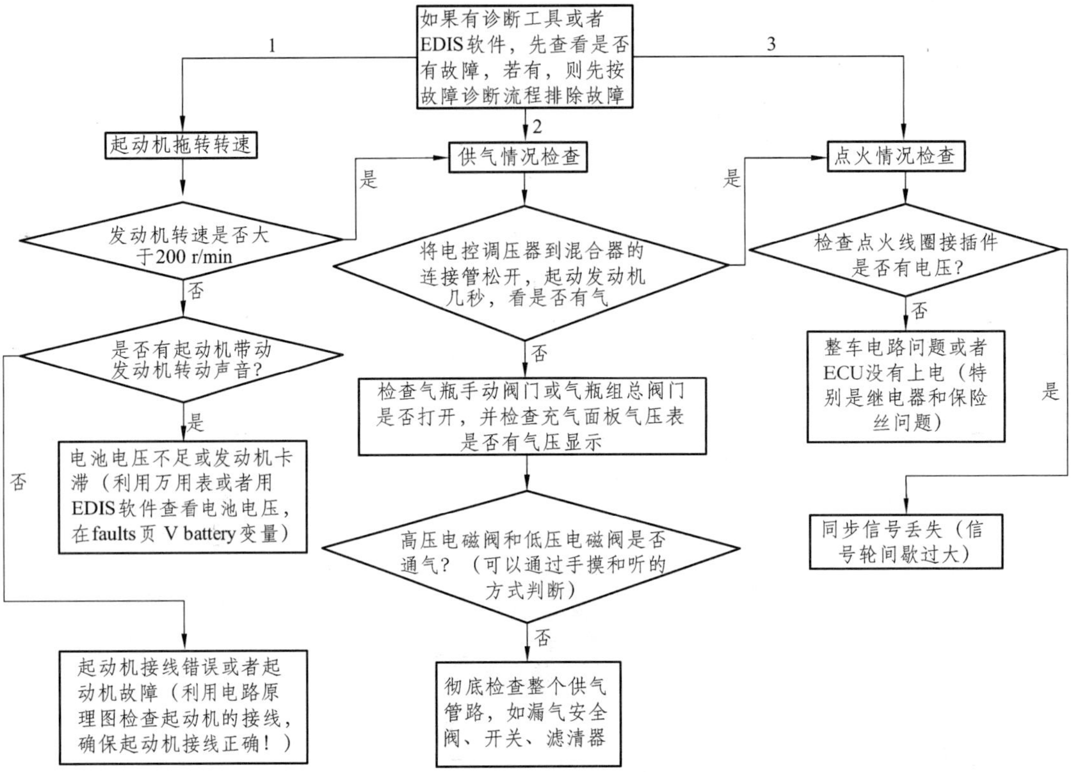

图 2-2-2　CNG 汽车发动机无法起动故障检修流程

其常见故障原因及解决方法见表 2-2-1。

表 2-2-1　CNG 发动机无法起动常见故障原因及解决方法

需检查的部位	可能出现的故障点	故障原因	排除方法
燃料系	• 电控调压器输送压力低于预期值 • 电控调压器命令丢失	• 电控调压器无法将燃料提供给发动机 • 电控调压器接收不到来自 ECU 的指令	• 检查是否有天然气 • 检查管路上的阀门是否全开 • 检查高低压电磁阀是否打开 • 检查电控系统是否有电 • 检查发动机和整车线束的电路是否有断路、虚接等情况 • 检查继电器或保险丝是否有效 • 更换相关零件
点火系		• 点火电路不通 • 点火线圈损坏 • 火花塞损坏	• 检查整车电源、整车线束、继电器、保险丝等 • 更换点火线圈和火花塞

续表

需检查的部位	可能出现的故障点	故障原因	排除方法
正时系	• 曲轴同步干扰 • 起动无曲轴同步	• 凸轮位置传感器故障 • 凸轮位置传感器与信号轮间隙不对 • 信号轮安装错误	• 更换凸轮位置传感器 • 调整凸轮位置传感器与信号轮间隙 • 检查信号轮的安装相位
电路	• 继电器线圈对电源短路	• 在插上继电器起动时系统出现 687 故障代码，发动机无法起动	ECU 的 73 号线必须接在继电器的 85 号针脚上
起动转速过低		电池电压低或起动时压降太大，发动机转速小于 200 r/min	更换电瓶或充电

任务实施

一、实施准备

任务名称：CNG 汽车发动机无法起动故障检修。

资源要求：

（1）根据工位数量将学生分组，每小组 6 人分工协作操作。

（2）做好车辆安全防护工作，对完工车辆进行检验，并做好现场 5S 工作。

（3）操作设备及资料清单见表 2-2-2。

表 2-2-2　操作设备及资料清单

序号	名称	型号	数量
1	实训用 CNG 汽车	CK6106	5
2	工具车（附带全套工具）		5
3	工作车型维修手册	CK6106	5

二、任务执行

（1）打开 CNG 实训车辆点火开关至“ON”挡，连接诊断仪。

（2）查看是否有发动机故障代码。若有，首先查找故障代码出现的原因，根据故障代码查找相应的故障点。

（3）若无故障代码，检查起动系统工作情况。

（4）检查天然气供气情况。将电控调压器到混合器之间的接管松开，起动发动机几秒，看是否有气。

（5）检查气瓶手动阀门或总阀门是否打开，检查充气面板气压表是否有气压显示。

（6）通过手摸、耳听的方式，检查高、低压电磁阀是否有通气。若有，则检查点火系统。

（7）检查点火线圈是否通电，依次检查每个气缸所对应的火花塞是否跳火，注意观察跳火强弱。

（8）排除故障后进行试车验证，做好车厢内清洁和实训场地 5S 工作。

考核评价

任务实施评价见表 2-2-3。

表 2-2-3　任务实施评价

考核项目	评价标准	评价方式			得分
流程图是否完成	根据需要进行试车验证（40%）	自评	互评	教师评价	
诊断计划是否合理	按照计划顺利诊断故障（20%）				
诊断计划设计是否规范	诊断过程规范、流程清晰（20%）				
现场 5S 工作情况	工具整理、现场清扫等（20%）				

课后拓展

1. CNG 汽车发动机无法起动的故障特征有哪些？
2. CNG 汽车发动机无法起动故障如何进行诊断与排除？

任务三　CNG 汽车发动机动力不足故障检测与维修

情景导入

小明舅舅驾驶一辆 CNG 汽车去超市购物。在行驶途中，小明舅舅发现车辆加速缓慢，上坡无力，油门踩到底时仍感到动力不足，转速提不高，达不到最高车速。请你作为一名维修技师，对该车故障进行分析，并排除故障。

知识准备

一、CNG 汽车发动机动力不足故障现象

CNG 汽车在使用过程中，若出现以下故障现象，则称之为发动机动力不足：

（1）重负荷行驶时，踩下油门踏板直至到底，仍感到车辆行驶无力。

（2）车辆上坡时，爬坡能力显著下降，即使加大油门开度情况仍无明显改善。

（3）急加速时，加大油门，发动机转速提不高或车辆加速明显不足。

（4）排气沉闷，油耗明显增加。

二、CNG 汽车发动机动力不足故障原因分析

造成 CNG 汽车发动机动力不足故障的原因有多种，通过大量案例分析总结，主要集中在发动机燃气系统供给故障、点火系统故障、进排气系统故障、冷却系统故障、润滑系统故障等方面。

1. 发动机燃气供给系统故障

发动机燃气供给系统的主要作用是将高压储气瓶中的 CNG 经降低压力后与空气有效混合，形成可燃混合气并送入气缸。其结构组成如图 2-3-1 所示。

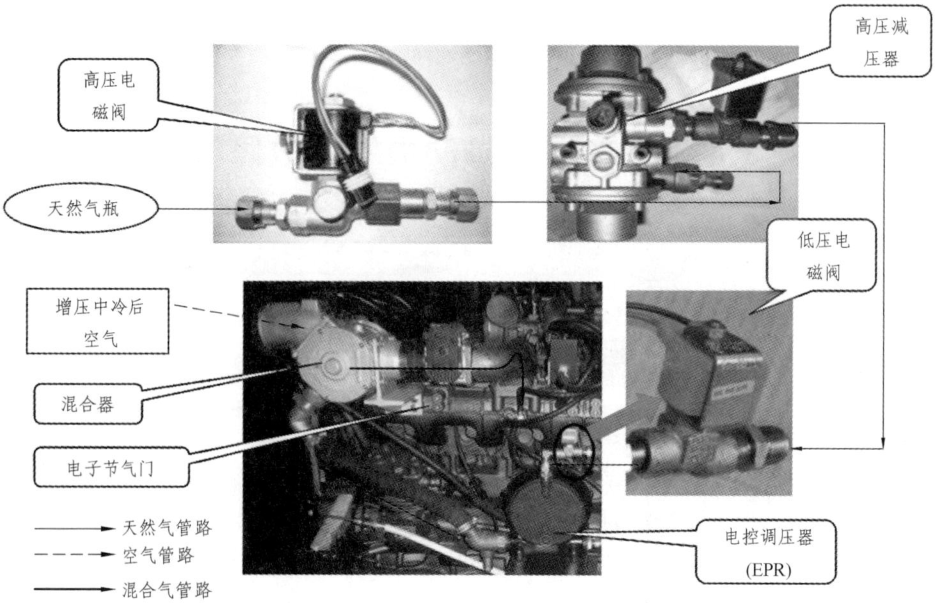

图 2-3-1　CNG 发动机燃气供给系统

当 CNG 发动机燃气供给系统中零部件出现故障时，如燃气管路漏气、低压电磁阀开度不足、EPR 无法正常工作等，其必然影响燃气量的供给，使得进入发动机气缸内的可燃混合气浓度降低，导致发动机动力性下降。

2. 发动机点火系统故障

CNG 发动机点火系统的作用是根据发动机的工作状态，按照发动机的工作顺序，在规定的时刻给火花塞供给足够的能量，使其产生电火花，点燃可燃混合气，使发动机做功。其结构组成如图 2-3-2 所示。

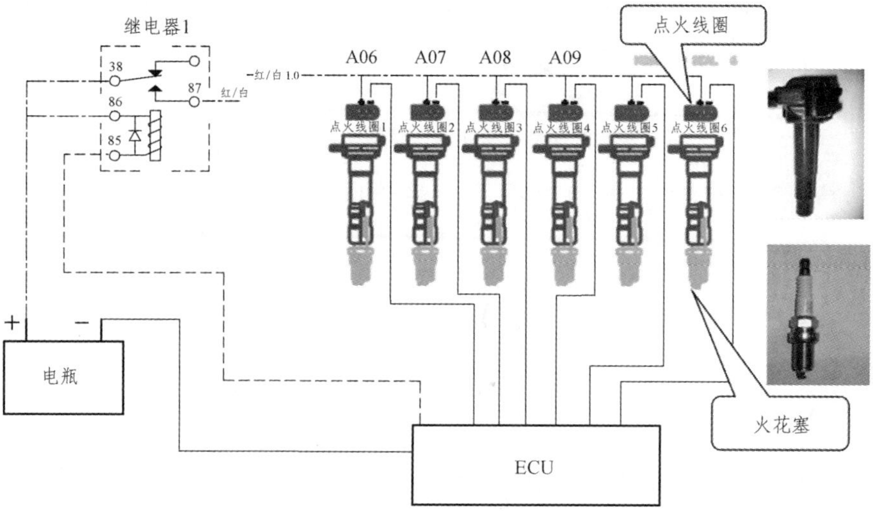

图 2-3-2　CNG 发动机点火系统

通过分析知道，高压火花过弱或点火不准时，都有可能造成可燃混合气不能被点燃或燃烧不好，从而影响发动机的动力输出。如火花塞积炭、高压线漏电、分电器或点火模块故障、曲轴和凸轮轴位置传动器信号错误、ECU 控制点火程序错误等。

3. 进、排气系统故障

CNG 发动机进、排气系统的作用是给发动机提供干净而干燥的空气，同时将 CNG 发动机燃烧后的废气排出缸外。现代 CNG 发动机为了获得较大的动力性和更佳的经济性，通常采用涡轮增压式进气系统，其结构如图 2-3-3 所示。

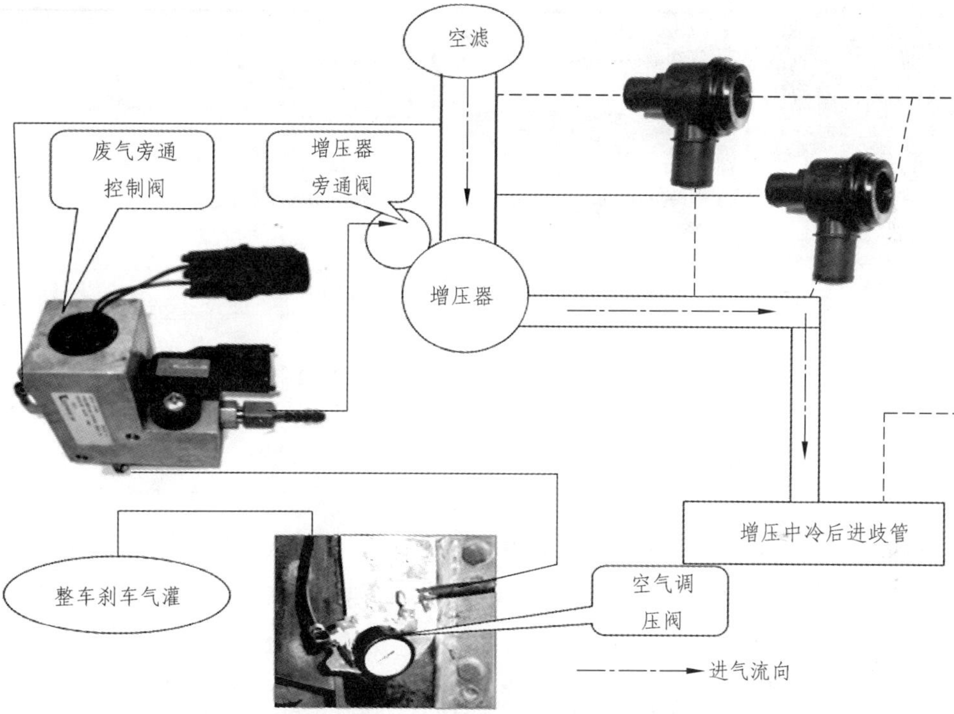

图 2-3-3　CNG 发动机进气系统

CNG 进、排气系统主要影响发动机空气供给量，使得进入发动机混合气浓度受到影响。同时，排气系统还会引起排气阻力的变化，从而影响发动机的冲量系数，如空气滤清器堵塞、废气旁通阀故障、防喘振阀故障等。

4. 冷却系统故障

CNG 发动机冷却系统的作用是使工作中的发动机及增压器得到适度的冷却，从而保持发动机在最适宜的温度范围内工作。此外，冷却系统还为暖风系统提供热源，为燃气供给系统提供热能，防止高压的压缩天然气在减压过程中出现“冰堵”，造成调压器无法正常工作，其水路连接如图 2-3-4 所示。

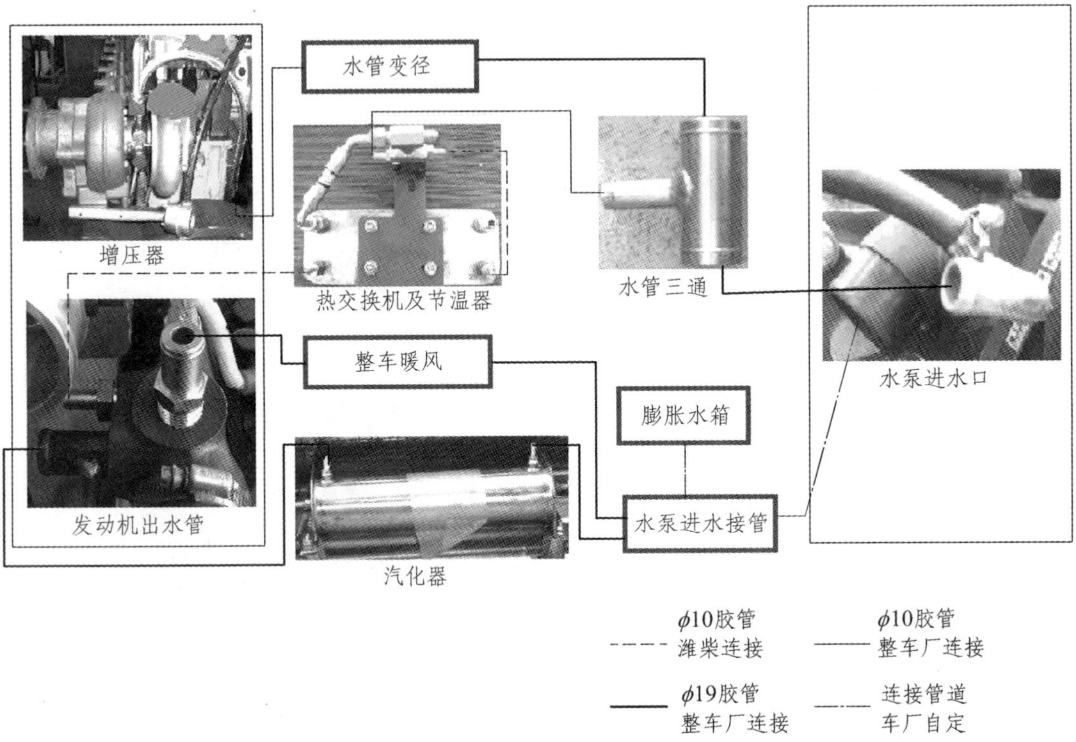

图 2-3-4　CNG 发动机冷却水管路连接示意图

CNG 发动机冷却系统造成发动机动力不足的主要原因在于冷却液温度过高致使润滑油黏度降低，导致机械部件膨胀，发动机工作时使运动部件的磨损加剧。同时，现代 CNG 发动机由于采用电子控制系统，冷却系统的传感数据若无法准确传递给中央处理器，会导致发动机管理系统启动保护程序，限制了发动机动力的输出。

5. 润滑系统故障

CNG 发动机润滑不良会造成各机械部件之间磨损加剧，转动阻力增加，功率消耗增加，如机油压力不足、机油油质过脏、机油黏度过大或过低等。

三、CNG 汽车发动机动力不足故障检修流程

当 CNG 汽车发动机出现故障时，应首先通过故障诊断仪读取发动机故障码，如无故障码显示，再进行机械部分的故障检查与维修。其工作流程如图 2-3-5 所示。

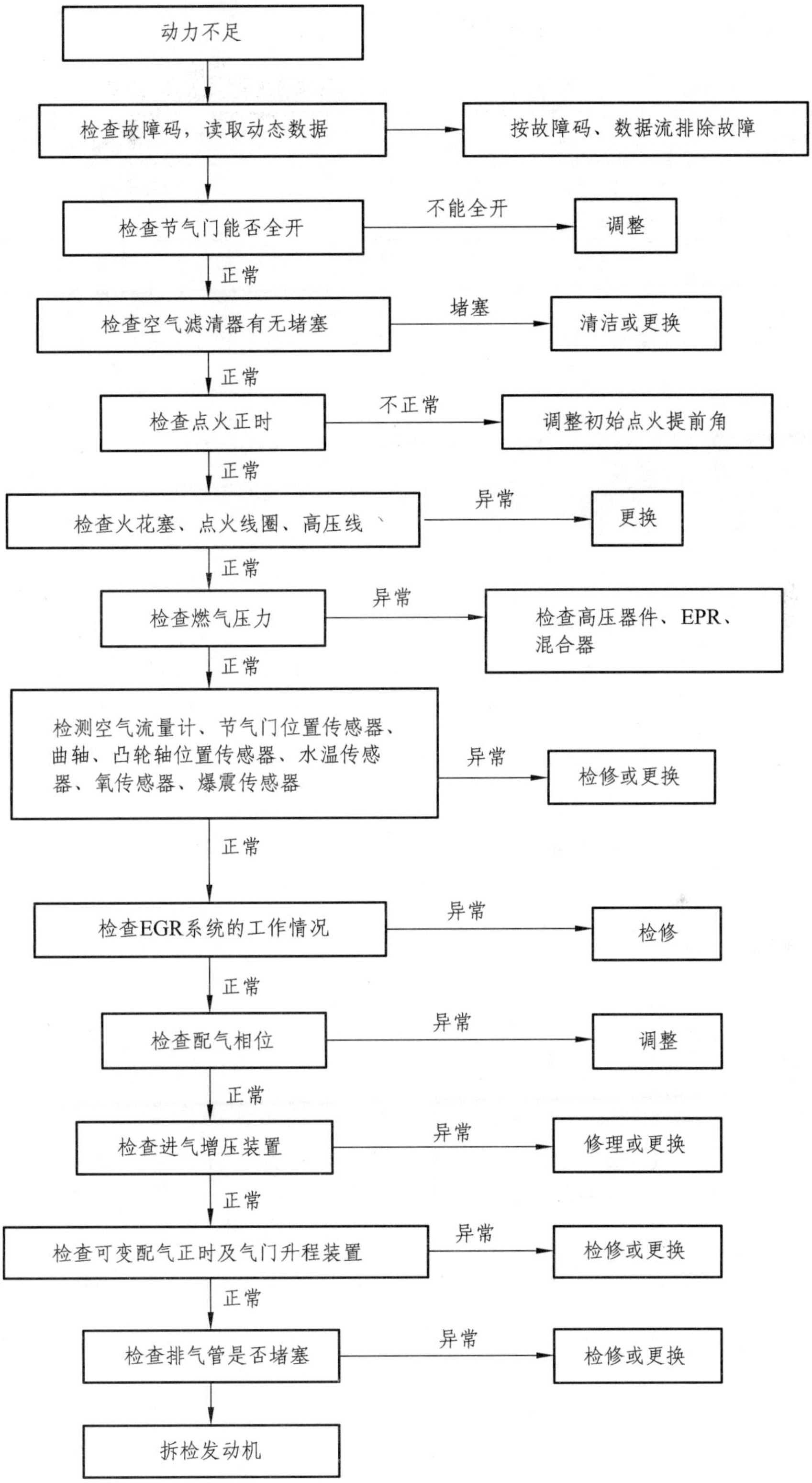

图 2-3-5 CNG发动机动力不足故障诊断检修流程

常见故障原因及解决方法见表 2-3-1。

表 2-3-1　CNG 发动机动力不足常见故障原因及解决方法

可能原因	故障检查及处理
1. 中冷器开裂或中冷器连接管松脱、龟裂，增压器废气控制调节器连接橡胶管脱落	检查空气进气管路和增压器
2. 燃气压力低	检查气瓶是否完全打开或者过流保护，检查减压器、燃气管路、燃气滤清器是否通畅
3. 电子油门踏板插接件接触不良	用监测软件进行故障诊断，检测脚踏板
4. 点火系统故障	检查火花塞，用监测软件对点火系统进行故障诊断
5. 混合器芯上的气孔堵塞	清洗混合器芯
6. 减压器失灵	用监测软件进行故障诊断，检测燃气压力
7. 进气不足	检查空气滤清器及进气系统是否有阻塞和漏气现象
8. 提前角相差太大	检查点火提前角，检查相位传感器间隙

任务实施

一、实施准备

任务名称：CNG 汽车发动机动力不足故障检修。

资源要求：

（1）根据工位数量将学生分组，每小组 6 人分工协作操作。

（2）做好车辆安全防护工作，对完工车辆进行检验，并做好现场 5S 工作。

（3）操作设备及资料清单见表 2-3-2。

表 2-3-2　操作设备及资料清单

序号	名称	型号	数量
1	实训用 CNG 汽车	CK6106	5
2	工具车（附带全套工具）		5
3	工作车型维修手册	CK6106	5

二、任务执行

（1）打开 CNG 实训车辆点火开关至“ON”挡，连接诊断仪。

（2）查看是否有发动机故障代码。若有，首先查找故障代码出现的原因，根据故障代码查找相应的故障点。

（3）若无故障代码，检查天然气管路是否有漏气或不通畅，包括高压、低压管路，清除滤清器中的杂质。

（4）检查管路上的高压减压器、高低压电磁阀、EPR、混合器、节气门过气是否通畅。检查节气门时用节气门软件测试方法。

（5）用断缸的方法检查天然气发动机的点火线圈和火花塞是否工作正常。

（6）排除故障后，起动发动机，试车验证。

（7）清洁车辆，做好现场 5S 工作。

考核评价

任务实施评价见表 2-3-3。

表 2-3-3　任务实施评价

考核项目	评价标准	评价方式			得分
流程图是否完成	根据需要进行试车验证（40%）	自评	互评	教师评价	
诊断计划是否合理	按照计划顺利诊断故障（20%）				
诊断计划设计是否规范	诊断过程规范、流程清晰（20%）				
现场 5S 工作情况	工具整理、现场清扫等（20%）				

课后拓展

1. CNG 汽车动力不足有哪些现象？
2. 引起 CNG 汽车动力不足故障有哪些原因？
3. 如何利用诊断仪读取 CNG 汽车故障码？

任务四　CNG 发动机水温过高故障检测与维修

情景导入

小明舅舅驾驶着一辆 CNG 汽车，在行驶途中发现发动机舱突然冒出大量水蒸气，如图 2-4-1 所示。这种情况我们通常称为发动机开锅，这是由于发动机冷却液温度过高导致的。请你作为一名维修技师，对此故障进行分析并排除。

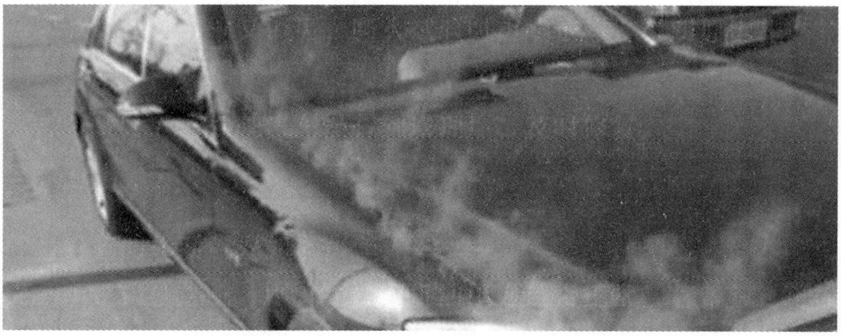

图 2-4-1　发动机开锅

知识准备

一、发动机开锅故障现象

我们常说的“开锅”指的是发动机水箱中的冷却水达到沸点，也就是说里面的水被烧成了开水。现在汽车大部分采用水冷装置给发动机散热。发动机的水冷系统主要由水泵、散热器、冷却风扇、节温器、发动机机体和气缸盖内的水套等组成，水箱也叫热交换器，在水箱内装有足够的冷却水，发动机在工作过程中会产生很高的热量，通过水泵带动水箱内冷却水在发动机内部循环，由于水与空气、油等介质相比，它的比热最大，因此，它的散热效果也最好。当水从发动机机体、气缸盖内的水套壁周围流过，并与水套壁充分接触吸收周围热量，将热量带走，然后经节温器进入散热器的进水口，在散热器内温度很高的冷却水向流过散热器周围的空气散热，以降低温度，最后降温后的冷却水经散热器的出水口返回水泵，如此循环。

如果在冷却系统中出现节温器损坏、电子扇损坏、水箱亏水等原因，就会使水箱内的冷却水无法降温，导致水温升高，当达到水的沸点时就会产生大量气泡，一部分面积被气泡所占据，就会使气缸壁周围严重亏水，虽然在水箱内还有冷却水，但是在气缸壁周围却没有足够的水来散热，大大降低了热交换效率，也就无法将气缸中的热量带到水箱散热。

此时气缸内的温度会迅速上升，若不及时将这些过多热量散发掉而仍然持续高负荷驾驶，就会使活塞、活塞环、连杆等部件的强度降低，甚至变形，承受不了正常的负荷，同时也会破坏各零件间的正常间隙，使零件间不能保持正常的油膜，轻则会使发动机拉缸、拉瓦，重则还会使整个发动机损坏甚至报废。

二、发动机开锅故障的应急处理

夏季行车对于老旧车辆来说“开锅”有时候是无法避免的，那么一旦“开锅”了，又应当怎样去处理，才能尽可能地减小损失呢？当发生水箱开锅后，首先要分析是在低速行驶开锅还是在高速行驶开锅，因为这两种情况下对于开锅后的处理是不一样的。当发生低速水箱开锅时，也就是开锅前发动机是处于低速运行的状态时，应立即靠边停车，把发动机熄火，并将发动机舱盖打开以利于其散热，然后给服务站打电话等待救援。

如果开锅之前发动机是高速运转的，应该立即将车靠边停好。与低速开锅不同的是：这时不要把发动机熄火，而应怠速着车让发动机运转一段时间。因为之前发动机处于高速运转状态，发动机产生大量的热量还没有散发出来，这些余热还需要残留的冷却水将其散发出来。

例如，有许多人喜欢飙车，喜欢极限驾驶，可跑完高速后就立即熄火，这时发动机内部温度仍然很高，突然熄火后水泵停止工作，散热器中的冷却水无法循环，致使在停车后水温还会继续升高一段。

当然这种情况是正常的，只要散热系统没有问题，水温会迅速回到正常值，举这个例子无非是说明高速运转后的发动机会产生大量余热，如果开锅以后迅速熄火，这些余热会产生非常高的温度，致使部件变形毁损。

而之所以要怠速运行一段时间，是因为散热器中的冷却水是靠水泵带动，而水泵又与发动机的曲轴同轴运转，当发动机停止运转时曲轴也停止转动，此时水泵也就不工作了，散热器中的冷却水就无法循环，发动机内的温度会迅速飙升。这种情况下，应该让车在路边怠速运转一会再熄火，同时也将发动机舱盖打开等待救援。

如果是在郊区或野外，维修厂的距离遥远，或者维修厂不愿意派拖车过来的时候，则需要自己采用一些应急的办法。但这种方法也要根据不同情况导致的开锅采用不同的措施。如果是属于缺水、电子扇故障或散热器过脏导致的开锅，此时大循环是打开的，可以将水淋在散热器上，给散热器降温。

需要注意的是，将水淋在发动机水箱散热器上，而不是浇在发动机上，因为此时发动机表面温度非常高，如果用凉水突然浇在上面，会使发动机表面因局部冷却导致相关部件变形，同时在发动机上有许多传感器，用水浇会使电器元件进水短路。在路边停留一段时间以后，水温会下降到正常值以下，此时的发动机是可以再继续行驶的。当然，最好的方法是预防，怎么样预防呢？就要靠日常对冷却系的维护和保养。

任务实施

一、实施准备

任务名称：CNG 汽车发动机冷却系统的维护与诊断。

资源要求：

（1）根据工位数量将学生分组，每小组 6 人分工协作操作。

（2）做好车辆安全防护工作，对完工车辆进行检验，并做好现场 5S 工作。

（3）操作设备及资料清单见表 2-4-1。

表 2-4-1　操作设备及资料清单

序号	名　称	型　号	数　量
1	实训城市公交客车整车	CK6106	2
2	城市公交客车使用手册	CK6106	5

二、任务实施

1. 冷却系的维护作业

为有效防止发动机开锅，在日常维护保养作业中要做到以下几点：

（1）汽车防冻液的更换与加注见表 2-4-2。

表 2-4-2　汽车防冻液的更换与加注步骤

步骤	内　容	示　例
1	在热车状态下观察膨胀水箱中冷却液的液面高度	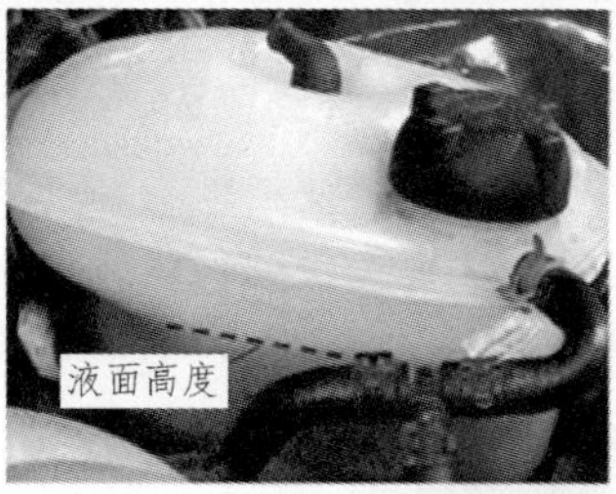
2	冷却液在上、下标线之间，冷却液量合适。如果低于下线，应补充冷却液	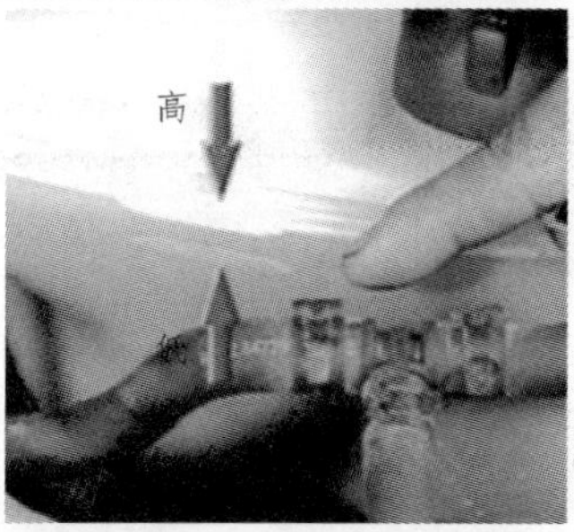
3	补充时，一定要等到发动机冷却，绝不可以在热车状态下拧开水箱盖，以免热水窜出烫伤人	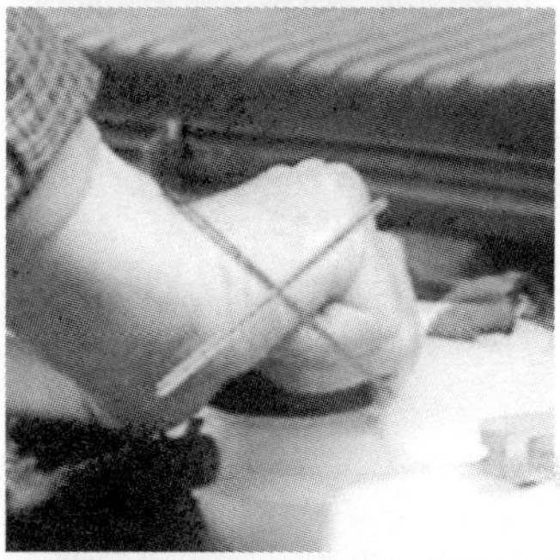
4	水冷却以后，打开冷却液膨胀水箱盖，添加相同型号的冷却液至下标线	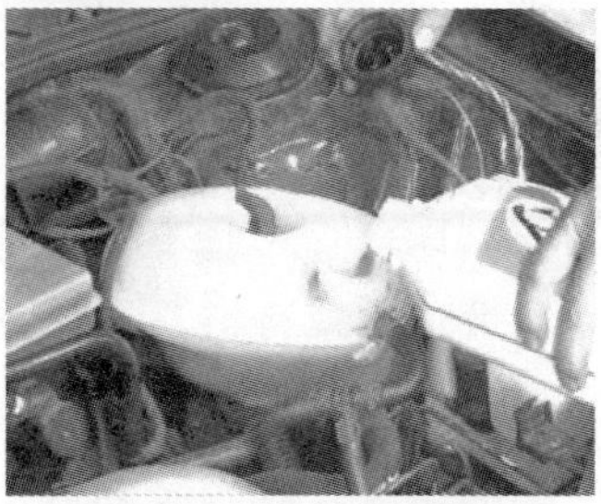
5	放出原冷却液，清洗冷却系，防冻液在加注前一定要对发动机冷却系进行一次认真清洗	

续表

步骤	内　容	示　例
6	发动机冷却系统清洗之后还有对冷却系统有无渗漏进行认真检查，如有渗漏，应在排除后才能加注防冻液	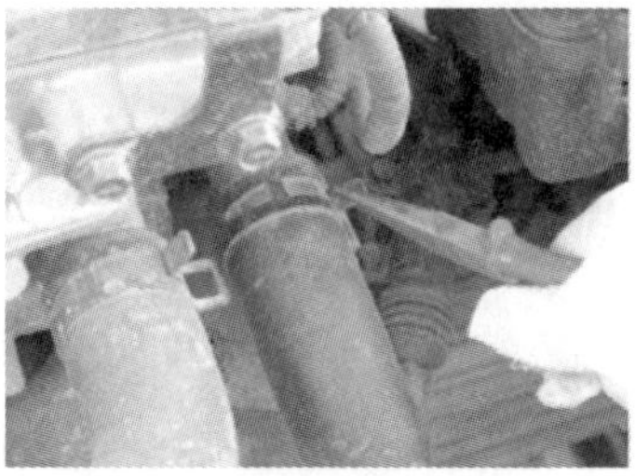
7	添加冷却液至规定位置	
8	起动发动机，排出冷却系统中的空气，再添加冷却液至规定的位置	

（2）检查、调整水泵、风扇皮带张紧度。

皮带过松或打滑，会导致水泵、风扇转速下降，冷却效果降低；皮带过紧，皮带寿命降低，会导致皮带突然断裂。皮带在断裂之前，将会出现滑磨声，皮带表面会出现龟裂的裂纹、磨损及剥落等前兆现象。

检查皮带的张紧度时，用拇指以 88 ~ 98 N · m 的力矩按压皮带中间部位，挠度应为 5 ~ 10 mm，如果不符合要求，应进行调整。调整皮带张紧度时，应注意避免皮带被油脂污染，否则会引起皮带滑磨，缩短皮带寿命。更换皮带时，先松开发电机的固定螺栓，将发电机向发动机缸体方向移动，将皮带取下。安装时，应检查皮带型号正确无误，对于平型皮带，皮带应与皮带轮贴合良好；对于三角皮带，皮带与皮带槽底部应留有一定间隙，否则是皮带型号不对。

（3）冷却强度调节装置工作状况的检查。

① 百叶窗：载货汽车的散热器前安装有百叶窗，驾驶室内百叶窗操纵手柄应能灵活开、闭百叶窗各调节挡板，若开闭不灵活，可用机油润滑拉杆及调节挡板的各铰链处；挡板变形应校正。

② 自动风扇离合器：目前应用最多的是硅油式风扇离合器，它以流经散热器的气流温度控制硅油，以硅油为扭矩传递介质控制风扇。当散热器温度降低时，离合器分离，风扇处于游动状态；当散热器温度升高时，离合器接合，风扇处于工作状态。若水温升高，风扇不工作，可将离合器后侧的锁止板固定螺栓松开，将锁止板插到槽底后，再将固定螺栓拧紧，风扇与离合器主动轴连成一体，可避免发动机水温过高，但应尽快到维修厂修理，不可长期使用。

③ 电动冷却风扇：轿车发动机的冷却风扇系统由风扇电机、风扇继电器和水温开关等组成，当水温达到规定值时，风扇相应进行低速旋转、由低速旋转变为高速旋转、由高速旋转变为低速旋转及风扇停止转动。

如果风扇转动只有高速没有低速，或者水温超过规定值时仍低速转动甚至不转动，都属于故障现象，应检查风扇继电器和水温开关是否正常。

汽车在高速行驶停车后，散热器内冷却液温度仍很高，电动风扇将继续自动转动直至温度低于停转温度为止，这属于正常现象。但若风扇长转不停则是风扇延时继电器出现故障，应尽快修理，否则会导致电瓶亏电。

2. 发动机过热的检修

（1）现象：

① 水温表指针指示 100 °C。

② 散热器“开锅”。

（2）原因：

① 风扇传动带打滑。

② 散热器出水胶管老化吸瘪或内壁脱落堵塞。

③ 电动冷却风扇不转，或硅油风扇离合器损坏，风扇转速过低。

④ 节温器失效。

⑤ 水套内水垢过多，分水管堵塞，分水不畅。

⑥ 散热器内水管堵塞。

⑦ 水泵损坏。

⑧ 点火时间过迟；混合气过稀或过浓。

⑨ 燃烧室积炭过多。

⑩ 车辆长时间大负荷工作等。

（3）诊断：

① 检查冷却风扇转速是否过低。

② 若风扇转速正常，则应检查风扇的风量。

③ 在风量充足的条件下，检测散热器及发动机的温度。

④ 散热器进水管冷却液喷出有力，应检查散热器各部温度是否均匀。

⑤ 若以上检查正常，在水温过高的同时，发动机动力明显下降，则应检查点火时间是否正确，混合气是否过稀、过浓，进、排气门间隙是否过大，燃烧室积炭是否过多，等等。

⑥ 对于长期未清洗水垢的发动机，应检查水套内积垢是否过厚。

⑦ 若发动机及冷却液温度正常，而水温表指示水温过高，则应检查水温表、冷却液温度传感器及控制电路是否正常。

⑧ 验证车辆，做好现场 5S 工作。

考核评价

任务实施评价见表 2-4-3。

表 2-4-3　任务实施评价

检验项目	评价标准	评价方式			得分
流程图是否完成	根据需要进行试车验证（40%）	自评	互评	教师评价	
诊断计划是否合理	按照计划顺利诊断故障（20%）				
诊断计划设计是否规范	诊断过程规范、流程清晰（20%）				
现场 5S 工作情况	工具整理、现场清扫等（20%）				

课后拓展

1. 如何清洗冷却系统水垢？

2. 如何排除发动机温度过高的故障？

项目三

CNG 汽车传动系统检测与维修

知识引入

CNG 汽车传动系统是 CNG 汽车的重要组成部分，其使用性能直接影响 CNG 能否正常、安全行驶。因此，对 CNG 汽车传动系统的故障检测与维修是汽车维修工作中重要工作之一。

任务一　CNG 汽车离合器常见故障检测与维修

情景导入

小明舅舅驾驶一辆 CNG 汽车来接小明放学，在行驶至陡坡时，明显感到动力不足，并伴随有一股焦糊味。请你作为一名维修技师，对此故障进行分析，并检测维修，恢复车辆的正常使用。

知识准备

离合器的主要功用是传递和切断发动机到变速器的动力，实现车辆平稳起步，便于车辆换挡，同时防止传动系统过载。目前 CNG 汽车上广泛采用摩擦式离合器。

汽车在使用过程中，经常需要踩下或松开离合器踏板，使离合器分离或结合而处于工作状态，再加之操作不当会使离合器的技术状况逐步变坏，从而造成离合器打滑、发抖、异响、分离不彻底等故障。

一、摩擦式离合器的常规检测

在诊断 CNG 汽车离合器是否出现故障时，需要对离合器的使用功能进行常规检查。检查之前，应开动汽车行驶一段时间，使离合器接合和分离几次，使离合器进入正常工作温度。常规检查主要包括以下几个内容：

（1）检查 CNG 汽车起步时离合器是否打滑。将 CNG 汽车在静止状态下挂入 1 挡，踩下加速踏板，将 CNG 发动机转速提高至正常怠速的两倍左右，在增加转速的同时，敏捷地结合离合器，CNG 汽车应能平稳加速且无冲击运行，否则即表明离合器打滑。

（2）检查离合器分离性能。踩下离合器踏板，等待 3 ~ 4 s，挂入挡位，并注意听是否有齿轮撞击噪声。如果能听到噪声，则说明离合器分离性能不正常。

二、离合器打滑故障检测与维修

1. 离合器打滑故障表现

离合器打滑是离合器常见故障之一。当车辆起步时，起动发动机，踩下离合器踏板，挂上低速挡，缓慢放松离合器踏板使离合器逐渐接合，并适当踩加速踏板起步。如果发动机无负荷感，汽车不能起步，发动机仍继续运转而不熄火，说明离合器打滑。其主要现象为：

（1）CNG 汽车起步时，虽然抬起了离合器踏板，踏板完全放松，但汽车依然不能起步或起步迟缓。

（2）CNG 汽车加速时，汽车不能随发动机转速增加而提高车速。

（3）CNG 汽车爬坡时，明显感到动力不足，发动机转速很高，但汽车仍无力爬坡，严重时伴随从离合器位置发出焦煳味。

2. 离合器打滑故障原因分析

造成 CNG 汽车离合器打滑故障的主要原因有以下几点：

（1）离合器踏板自由行程过小或没有自由行程，导致在离合器处于结合状态时，分离轴承常压在膜片弹簧上，压盘对从动盘的压紧力降低，离合器实际处于半分离状态，其产生的摩擦力转矩不足以使车辆起步或行驶。

（2）从动盘摩擦片过度磨损、烧损、硬化或铆钉外露，导致从动盘与飞轮、压盘之间的摩擦力下降，引起离合器打滑。

（3）压盘、飞轮、从动盘等离合器构件在使用过程中变形，导致从动盘摩擦片与飞轮和压盘接触不良，所传递的摩擦力矩下降，引起离合器打滑。

（4）离合器盖与飞轮之间的紧固螺栓松动或膜片弹簧失效，导致其弹力不足，使其对压盘的压紧力下降，摩擦副之间的压紧力下降。

（5）液压式离合器操纵机构的工作缸卡滞，当离合器处于接合状态时，分离轴承常压在膜片弹簧内端，压盘对从动盘的压紧力减小。

3. 离合器打滑故障检测与维修

离合器打滑故障的检测与维修流程如图 3-1-1 所示。

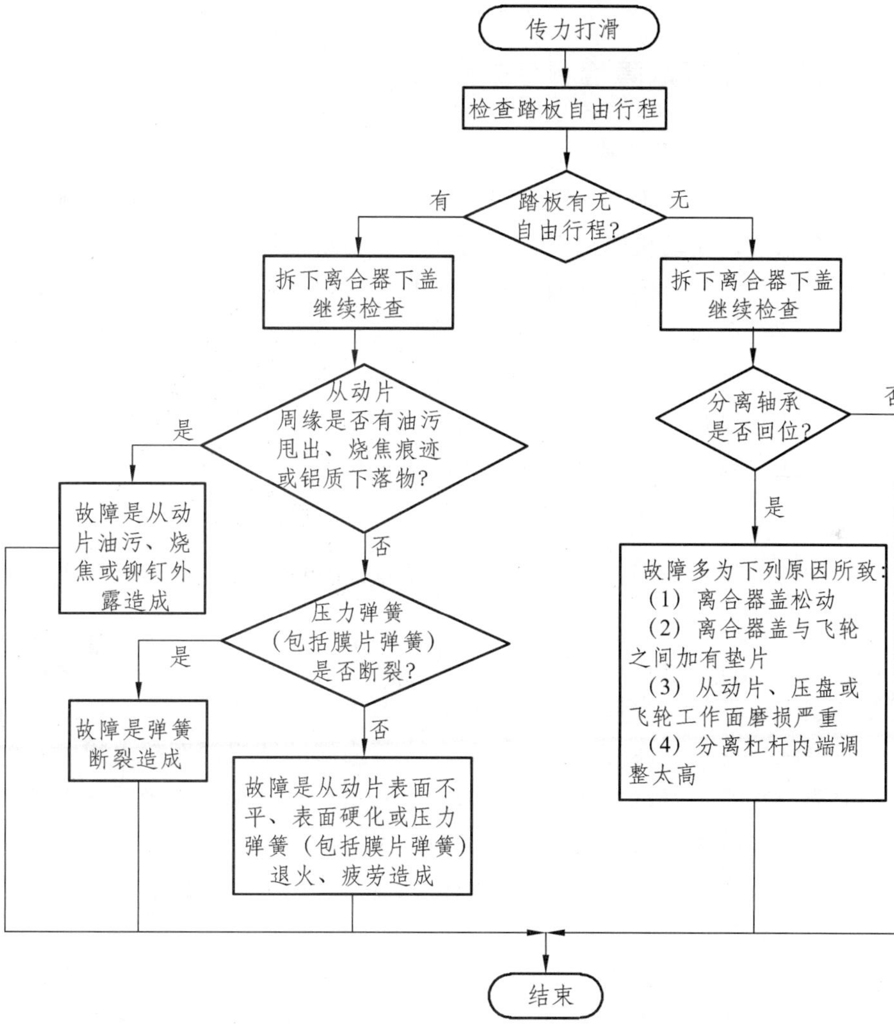

图 3-1-1　离合器打滑故障检修流程

当确认离合器打滑故障后，按以下步骤进行检查，予以排除：

（1）检查离合器是否有自由行程或自由行程太小。踩抬离合器踏板，感觉有无自由行程或行程太小。也可拆下离合器盖，观察分离杠杆与分离轴承有无间隙，若间隙过小或无间隙，则即为自由行程太小或者完全没有自由行程，可以按自由行程规定值进行调整。

（2）检查离合器从动盘摩擦片边缘是否有油污、腐蚀或材料过硬或过软，若拨动从动盘摩擦片有金属粉末，则可能是铆钉外露所致，出现这些现象须拆下离合器，加以排除。摩擦片有油污，须洗净，用压缩空气吹干，并查出漏油原因。铆钉外露，应更换新的摩擦片。

（3）检查离合器和飞轮连接处是否松动，调整离合器分离杠杆到适当位置。

（4）检查液压分离装置是否卡滞，若出现卡滞，应予以调整，使其工作灵活。

三、离合器分离不彻底故障检测与维修

1. 离合器分离不彻底故障现象

当踩下离合器踏板到底后，主、从动盘没有完全分开，仍有部分或全部接触，导致离合器处于半结合状态，发动机输出动力没有被完全切断，仍有动力输出，此现象称之为离合器分离不彻底。其具体表现通常有以下几种形式：

（1）当 CNG 发动机怠速运转时，踏下离合器踏板，但挂挡困难，且伴有变速箱齿轮撞击声。

（2）勉强挂入挡位，离合器未抬起或轻微抬起，汽车就起步或发动机熄火。

（3）在车辆行驶途中换挡困难，且仍伴有变速箱齿轮撞击声。

2. 离合器分离不彻底故障原因分析

离合器分离不彻底的根本原因是离合器主动盘与从动盘没有完全分离，其主要表现在以下几个方面：

（1）离合器踏板自由行程过大。当完全踩下离合器踏板后，主动盘与从动盘依然处于结合或半结合状态，造成离合器分离不彻底，动力无法彻底切断。

（2）膜片弹簧磨损、变形、疲劳或折断。膜片弹簧内端的磨损深度超限或膜片弹簧疲劳，离合器分离时膜片弹簧以左侧支撑环为支点的变形量减小，压盘后移量随之减小，分离间隙过小，导致离合器分离不彻底。

（3）离合器花键轴或离合器从动盘内花键磨损、锈污、有毛刺，离合器分离时从动盘后移卡滞，仍与飞轮端面接触，造成分离不彻底。

（4）分离杠杆调整不当，使其内端不在同一平面内或内端面高度太低、分离杠杆弯曲变形、支座松动、支座轴销脱出等，使分离杠杆高度难以调整，导致离合器主、从动盘分离不彻底。

（5）液压操纵式离合器液压系统漏油造成油量不足或有空气侵入，导致液压不足，当踩下离合器踏板时，主、从动盘分离不彻底。

3. 离合器分离不彻底故障检测与维修

离合器分离不彻底故障的检测与维修流程如图 3-1-2 所示。

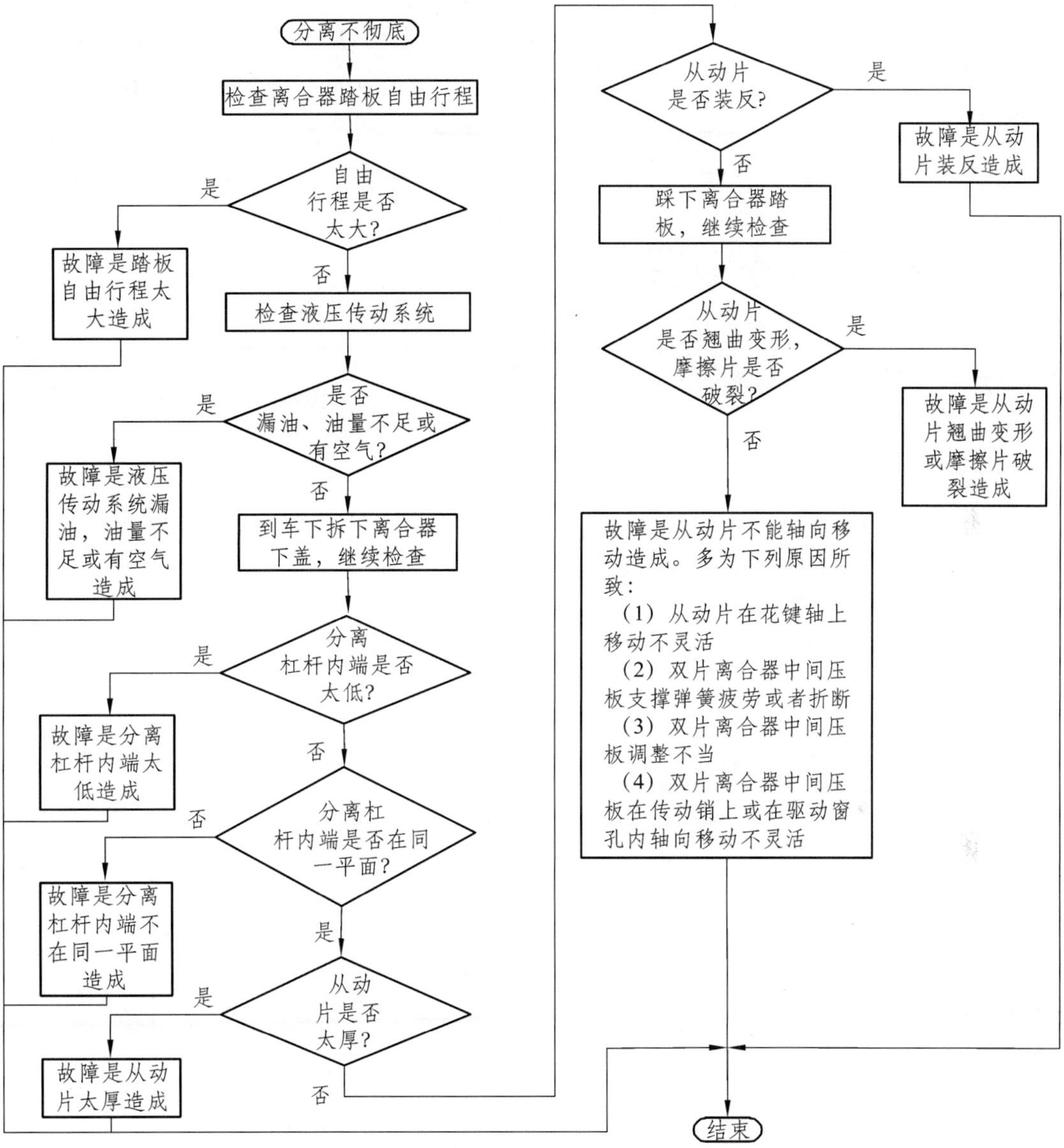

图 3-1-2 离合器分离不彻底的检测与维修流程

起动发动机，踩下离合器踏板，挂挡，若不松离合器踏板 CNG 汽车就向前行驶或导致发动机熄火，则可以确认离合器分离不彻底，其检修步骤如下：

（1）检查离合器踏板自由行程是否合适，若自由行程过大，应进行调整。

（2）检查离合器从动盘或摩擦片安装是否正确，检查从动盘磨损情况，若从动盘变形或损坏，应及时更换。

（3）检查分离杠杆是否变形，支座是否松动，分离杠杆高度是否一致或过低，如有异常，应进行调整。分离杠杆调整后，应重新调整踏板的自由行程。

（4）检查液压操纵机构工作情况，首先排除泄漏故障，并对液压主缸和工作缸进行检修。

任务实施

一、实施准备

任务名称：离合器的检修。

实施准备：

（1）根据工位数量将学生分组，每小组 6 人分工协作操作。

（2）做好车辆安全防护工作，对完工车辆进行检验，并做好现场 5S 工作。

（3）操作设备及资料清单见表 3-1-1。

表 3-1-1　操作设备及资料清单

序号	名　称	型　号	数　量
1	CNG 汽车使用手册	CK6106	2
2	离合器总成	CK6106	5
3	游标卡尺		5
4	百分表		5
5	套装工具		5

二、任务实施

1. 离合器从动盘的检修

（1）检查从动盘表面是否有摩擦衬片表面烧焦、开裂，扭转减振器弹簧折断，花键磨损大，铆钉松动等现象，若有，则应更换离合器从动盘，如图 3-1-3 所示。

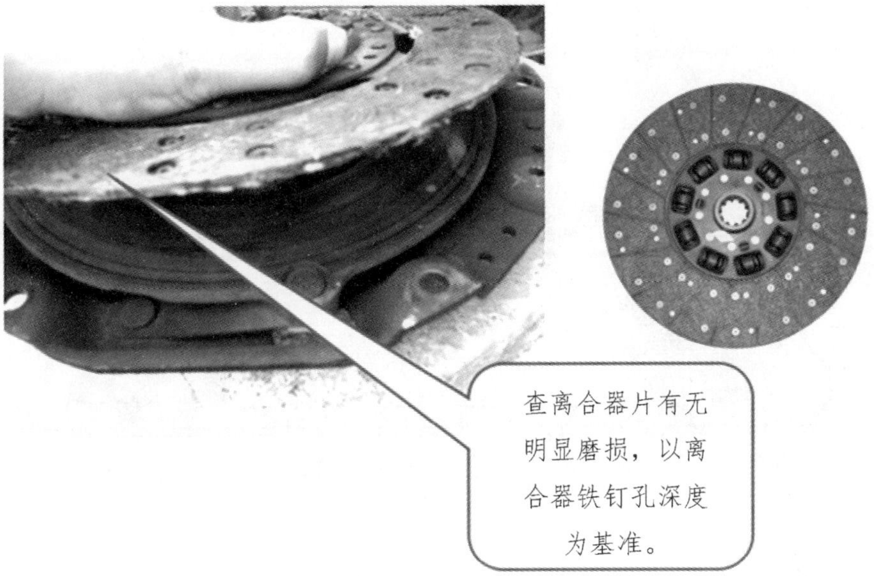

图 3-1-3　离合器从动盘检查

（2）检查从动盘磨损程度，用游标卡尺测量铆钉头的深度，最小深度为 0.3 mm，超过该极限值应更换从动盘，如图 3-1-4 所示。

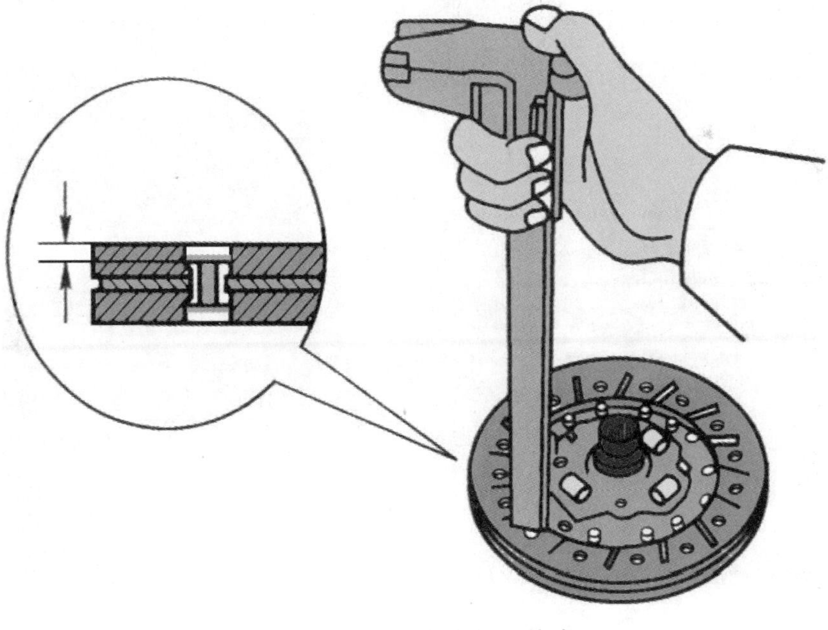

图 3-1-4　从动盘磨损量检查

（3）检查从动盘端面跳动，在从动盘距外边缘 2.5 mm 处测量其端面跳动量不应大于 0.5 mm，如果摆动过大，则应更换从动盘，如图 3-1-5 所示。

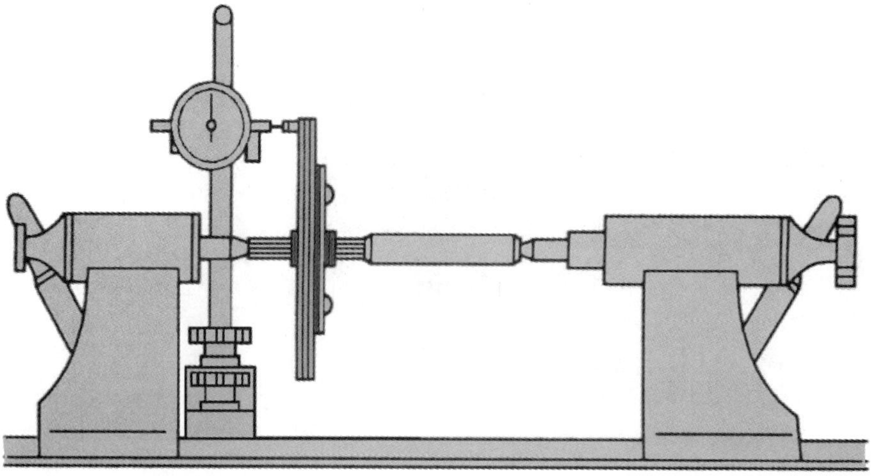

图 3-1-5　从动盘端面跳动检查

二、压盘的检修

（1）检查压盘和盖板之间的连接钢片是否有裂纹，检查铆钉连接是否牢固，如图 3-1-6 所示。

图 3-1-6　压盘表面检查

（2）检查膜片弹簧的末端，其允许磨损度不超过原厚度的一半，如图 3-1-7 所示。

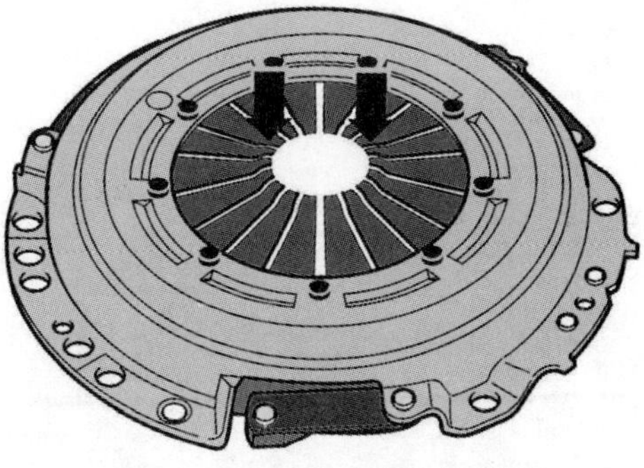

图 3-1-7 膜片弹簧磨损检查

（3）检查压盘工作面磨损状况，若沟槽磨损深度超过 0.5 mm 或出现裂纹时，应更换新件。

（4）检查压盘工作面平面度，其平面度不应超过 0.2 mm。如果超过规定值，应更换新件，如图 3-1-8 所示。

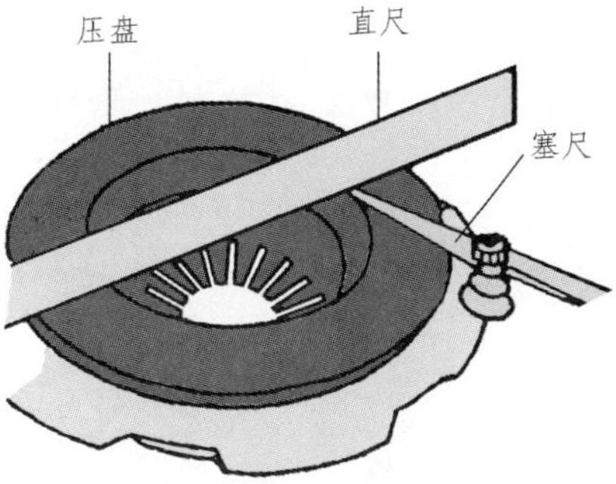

图 3-1-8 压盘平面度检查

3. 飞轮的检查

检查飞轮平面有无异常磨损，若磨损沟槽深度超过 0.5 mm、平面度误差超过 0.12 mm，则更换新件，如图 3-1-9 所示。

图 3-1-9 飞轮的检查

4. 分离轴承的检修

（1）检查分离轴承有无烧蚀情况，转动时如有卡滞或松旷甚至松散，则更换新件，如图 3-1-10 所示。

图 3-1-10　分离轴承检查

（2）检查复位弹簧，当弹力不足或折断时，须进行更换。

考核评价

任务实施评价见表 3-1-2。

表 3-1-2　任务实施评价

检验项目	评价标准	评价方式			得分
故障是否排除	根据需要进行试车验证（40%）	自评	互评	教师评价	
维修计划是否合理	按照计划顺利排除故障（20%）				
维修是否规范	在维修过程中正确使用工具、操作规范、检查到位（20%）				
现场 5S 工作情况	工具整理、现场清扫等（20%）				

课后拓展

1. 离合器的主要故障现象有哪些？
2. 制定离合器常见故障诊断流程，制订离合器自由行程调整工作计划。

任务二 CNG 汽车手动变速器常见故障检测与维修

情景导入

小明舅舅驾驶一辆 CNG 汽车去购物，在途中发现车辆换挡困难，他及时开回维修厂进行维修。请你作为一名维修技师，对该故障进行分析，并检测维修，排除该故障。

知识准备

变速器在 CNG 汽车传动系统中的作用主要是：① 通过改变传动比，扩大驱动轮转矩和转速的变化范围，以适应汽车经常变化的行驶条件，有利于 CNG 发动机在良好工况下工作；② 在发动机曲轴旋转方向不变的情况下，利用变速器使汽车能倒向行驶；③ 利用变速器的空挡中断动力传递，使发动机能够起动和怠速运转，满足短暂停车或滑行的需要；④ 利用变速器作为动力输出装置，驱动其他机构。目前 CNG 汽车所用变速器主要有手动操纵式变速器及自动操纵式变速两大类型。本书主要讲解 CNG 汽车手动变速器的检测与维修。其结构布置如图 3-2-1 所示。

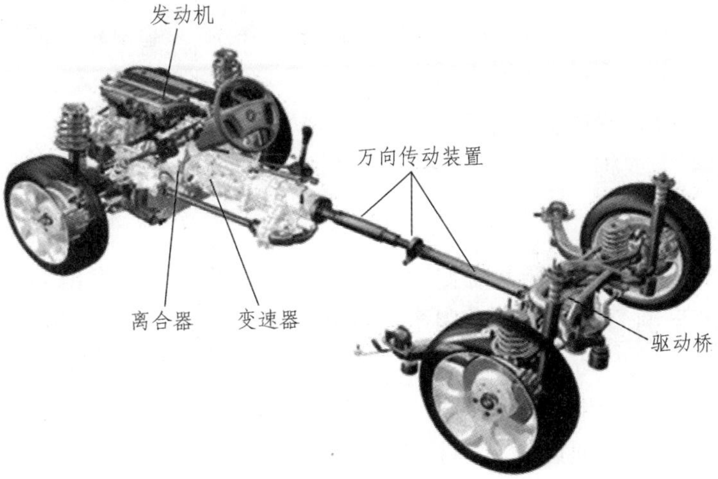

图 3-2-1 变速器的布置

CNG 汽车行驶过程中，变速器担负着变速变矩的任务，经常处于高转速、大负荷环境下工作，齿轮接触压力大，容易产生冲击载荷，破坏零件润滑条件，造成齿面磨损或疲劳，加剧变速器零件损伤，导致换挡困难、换挡异响、变速器跳挡等常见故障。

一、变速器异响故障检测与维修

1. 变速器异响故障现象

变速器在工作时，发出金属干摩擦或不均匀的金属撞击声，其具体表现为：

（1）空挡异响。当发动机处于怠速运转，变速器处于空挡位置时，能听到变速箱位置有异响，当踩下离合器踏板后响声随即消失。

（2）挂挡异响。变速器在车辆运行过程中挂入各个挡位或个别挡位时有明显响声。

2. 变速器异响故障原因分析

变速器产生异响的原因主要在于变速器轴承松旷或变速齿轮啮合不正常。

（1）空挡异响故障原因分析：

① 变速器第一轴中心线与发动机曲轴的旋转轴线不同心，导致工作中变速器输入轴及轴承受力不均匀产生变形或运动卡滞，产生异响。

② 变速器输入轴轴向间隙过大，工作中产生轴向窜动或径向跳动剧烈导致轴承磨损、卡滞或损坏，造成工作中产生异响。

③ 变速器常啮合齿轮磨损、齿侧间隙过大或个别轮齿破裂使其啮合不良，产生异响。

④ 变速器拨叉与接合套之间间隙过大，二者之间发生轴向撞击，导致变速器异响。

（2）挂挡异响故障原因分析：

① 变速器轴弯曲变形，使得变速器在工作中轴受力不均或卡滞而产生噪声。

② 变速器轴上花键与滑移齿轮或接合齿套配合松旷，输出轴上的齿轮磨损或轴承松旷使齿轮啮合不良，产生冲击噪声。

③ 主、从动锥齿轮配合间隙过大，工作时产生冲击噪声。

④ 同步器磨损或损坏。

3. 变速器异响故障检测与维修

进行变速器异响故障检测与维修时，应根据响声的特点、发出响声的时间和部位确认异响，判断异响原因，根据原因予以维修，如图 3-2-2 所示。其方法如下：

（1）空挡异响。发动机怠速运转，变速器空挡时有异响，踩下离合器踏板时声响消失，且在汽车运行中车速变化时声响严重，应拆开变速器，检查常啮合齿轮的啮合情况和变速器输入轴后轴承的技术状况，必要时成对更换常啮合齿轮和输入轴后轴承。

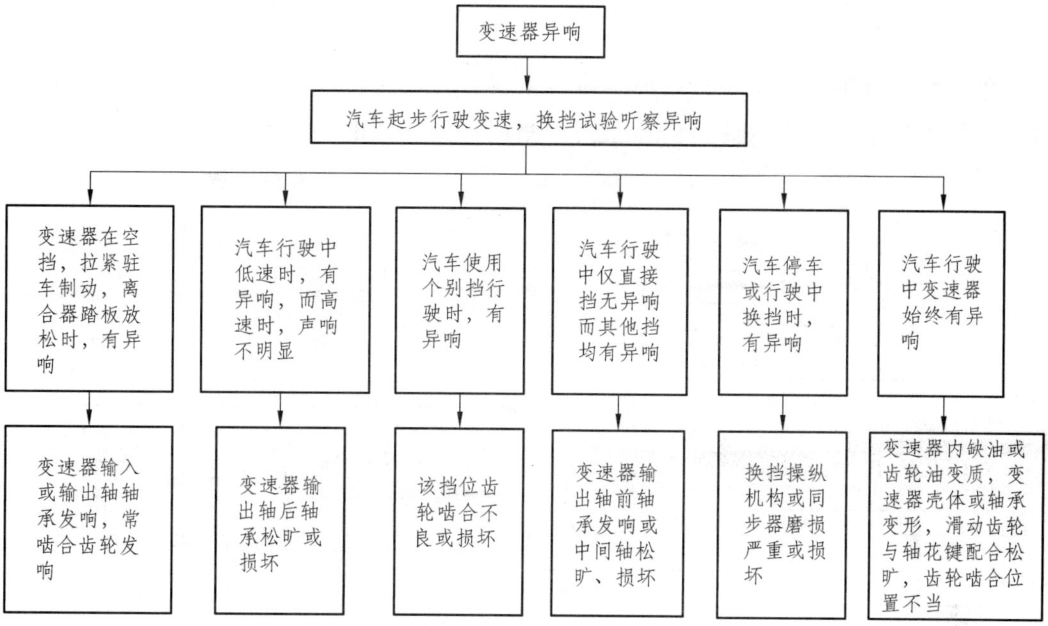

图 3-2-2 变速器异响故障检测与维修方法

（2）挂挡异响。换入某挡时声响严重，应检查该挡齿轮或齿套轮齿的磨损情况，磨损严重时应予以更换；检查同步器是否严重磨损或损坏，酌情进行修理或更换。

（3）各挡均异响。应拆卸变速器，检查各组成部件磨损情况，并视情况进行修理或更换。

二、变速器跳挡故障检测与维修

1. 变速器跳挡故障现象

当汽车重载或爬坡时，变速杆有时从某挡自动跳回空挡位置或变速器内部接合齿套脱离啮合位置，中断动力输出的现象称为跳挡。跳挡一般在发动机中高速、负荷突然变化或车辆剧烈振动时发生。

2. 变速器跳挡故障分析

（1）操纵机构磨损严重，导致齿轮啮合不能达到全齿长啮合。

（2）接合齿轮和齿套磨损不均。变速器接合齿套、齿轮或同步环花键齿过度磨损，沿齿长方向形成锥形，啮合时产生轴向推力，加之变速器工作中的振抖、转速变化等作用，迫使正在啮合的齿轮沿变速器轴向脱离。

（3）变速器轴、轴承磨损松旷或轴向间隙过大，在工作中引起轴向和径向窜动，使齿轮啮合不足，沿轴向和径向摆动导致跳挡。

（4）同步器磨损或损伤，接合齿套与齿轮不能可靠维持在正确的接合位置，造成跳挡。

3. 变速器跳挡故障检测与维修

在 CNG 汽车变速器跳挡故障维修时，应首先进行路试，逐挡反复做挂挡、退挡动作，并体验手感，确认故障信息。其检测流程如图 3-2-3 所示。

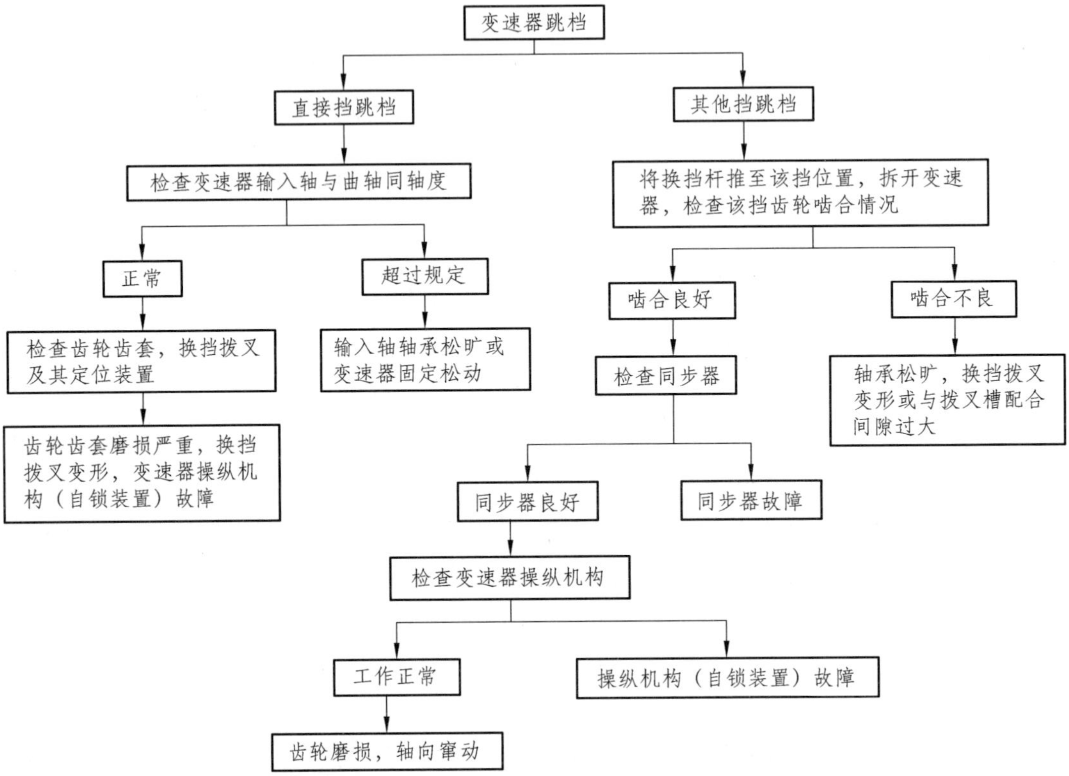

图 3-2-3　CNG 汽车变速器跳挡故障检测流程

三、变速器换挡困难故障检测与维修

1. 变速器换挡困难故障现象

CNG 汽车离合器技术状况良好，但挂挡时不能顺利挂入新挡位，从变速器内部常发生齿轮撞击声，这一故障现象称为变速器换挡困难。

2. 变速器换挡困难故障分析

（1）同步器故障。

（2）变速器操纵机构调整不当或损坏，换挡时没有将滑动齿轮或接合齿套移动到规定位置。

（3）变速器自锁或互锁机构的定位销或互锁销损伤、锁定弹簧过硬，使拨叉轴的移动阻力增大或卡滞，造成换挡困难。

（4）变速器轴弯曲变形或花键损坏，换挡时滑移齿轮或接合齿套的移动阻力增大或卡滞，造成换挡困难。

（5）齿轮油不足或过量，齿轮油不符合规格。

3. 变速器换挡困难故障检测与维修

在进行 CNG 变速器换挡困难故障检测与维修时，一般按照如下步骤进行：

（1）检查同步器是否散架、锁环或锥环内锥面螺旋槽是否磨损、滑块是否磨损、弹簧弹力是否过软等。

（2）如果同步器正常，检查一轴是否弯曲、花键是否磨损严重，根据技术标准进行维修或更换。

（3）检查换挡机构是否正常，拨叉轴是否移动正常，拨叉轴弯曲应进行矫正或更换，定位销孔磨损应更换。

（4）检查变速器轴不应有弯曲，花键和齿轮不应有磨损，变速器输入轴和输出轴不得有裂纹，轴上固定齿轮不应有严重磨损和断齿，否则应更换。

任务实施

一、实施准备

任务名称：CNG 汽车变速器的检修。

资源要求：

（1）根据工位数量将学生分组，每小组 6 人分工协作操作。

（2）做好实训设备安全防护工作，对完工设备进行检验，并做好现场 5S 工作。

（3）操作设备及资料清单见表 3-2-1。

表 3-2-1　操作设备及资料清单

序号	名　称	型　号	数　量
1	CNG 汽车变速器总成		5
2	工具箱（附带全套工具）		5
3	CNG 汽车使用手册	CK6106	5

二、任务执行

1. 变速器壳体的检修

变速器壳体是变速器总成的基础构件。它是保持变速器中各零件处于规定位置的重要保证，同时承受一定载荷，因此对其形位公差有着较高的要求。对壳体的检修主要包括以下内容：

（1）检查壳体是否有裂纹，如有裂纹可用胶粘法或焊补法修复，如图 3-2-4 所示；检查螺纹是否有崩裂，螺纹损伤应≤2 牙。

图 3-2-4　变速器壳体裂纹的检查

（2）检查壳体平面。把变速器壳体倒放在平台上，用塞尺检查，上平面不能起坑、不平度≤0.15 mm，使用极限为 0.30 mm，前端面垂直偏差≤0.08 mm，后端面垂直偏差≤0.12 mm。

2. 变速器齿轮的检修

变速器齿轮在 CNG 汽车运行时长时间处于不断变化的高转速、高负荷下工作，其正常啮合的状态及齿轮自身磨损对变速器的使用性能有着重大影响。对其检修主要包含以下内容：

（1）检查齿轮有无裂纹，工作面有无腐蚀斑点，剥削面积不能超过 1/4，否则应及时更换，如图 3-2-5 所示。

图 3-2-5　严重磨损的齿轮断面

（2）检查齿轮及齿轮花键磨损情况，若沿齿长方向磨损成锥形，齿端或花键端磨损超过齿、键 1/3，应予以更换，如图 3-2-6 所示。

图 3-2-6　齿轮花键磨损

（3）检查齿轮啮合侧隙，输出轴与输入轴按标准中心距安装后，固定住一个轴上的齿轮，转动另一个轴上的齿轮，用百分表测量转动齿轮的摆动量，即为两齿轮的啮合侧隙，若超过极限，应更换齿轮，如图 3-2-7 所示。

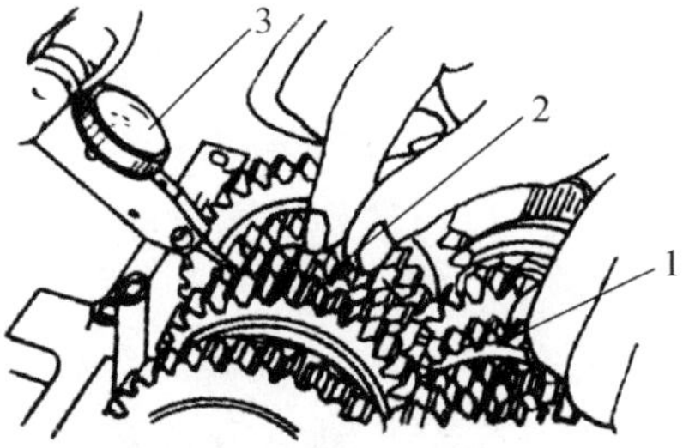

图 3-2-7　变速器齿轮啮合侧隙检查

1—固定不动齿轮；2—能转动的齿轮；3—百分表

（4）检查常啮合齿轮的啮合间隙，其值一般为 0.10 ~ 0.40 mm，若超过极限值，应及时恢复其间隙。

3. 变速器轴的检修

变速器各轴在变速器工作中承受着变化的扭矩、弯矩，键齿部分还要承受挤压、冲击和磨损等。对其检修主要包含以下内容：

（1）检查各轴有无裂纹、爆裂、表面磨损等，检查变速器各轴弯曲度，输入轴应≤0.10 mm，输出轴、中间轴应≤0.03 mm，如图 3-2-8 所示。

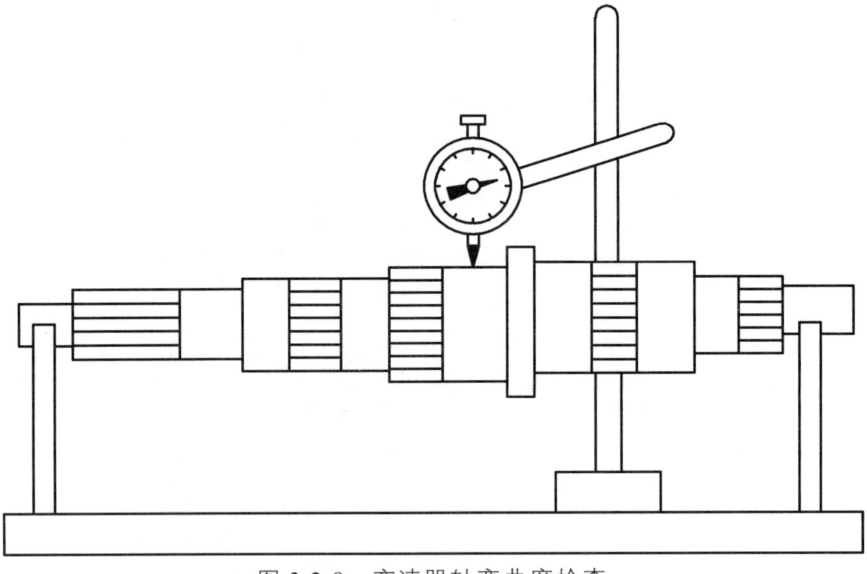

图 3-2-8　变速器轴弯曲度检查

（2）检查各轴轴颈与轴承内孔配合间隙，其过盈量一般应在 0 ~ 0.02 mm，轴颈磨损量应≤0.05 mm，若超过规定值，应予以更换。

4. 变速器轴承的检修

（1）检查变速器各轴承，应转动自如、无卡滞，不得有缺损、磨损、龟裂、烧蚀、金属剥落及保持架变形，否则应及时更换。径向间隙应≤0.03 mm，轴向间隙应≤0.48 mm，否则应予以更换。

（2）检查主轴、中间轴前后轴承内圈与轴颈的配合间隙，其值一般为 0 ~ 0.02 mm，使用极限≤0.05 mm，若超过规定值，应予以调整或更换。

5. 同步器的检修

（1）检查同步器齿齿套接合应平顺、无裂纹，滑块与固定齿槽侧隙应≥0.25 mm，固定齿内花键与轴花键侧隙应≥0.12 mm，若超过规定值，应调整或更换。

（2）检查摩擦锥面磨损。当锁环式同步器齿环内锥面、锁销式同步器摩擦锥环锥面螺旋槽被磨平时，应及时更换。

考核评价

任务实施评价见表 3-2-2。

表 3-2-2　任务实施评价

检验项目	评价标准	评价方式			得分
检修流程图是否完成	根据需要进行试车验证（40%）	自评	互评	教师评价	
检修诊断计划是否合理	按照计划顺利诊断故障（20%）				
检修诊断是否规范	诊断过程规范、流程清晰（20%）				
现场 5S 工作情况	工具整理、现场清扫等（20%）				

课后拓展

1. CNG 汽车变速器常见故障有哪些？如何进行诊断？
2. 试绘制 CNG 汽车变速器异响检修流程图。

任务三　CNG 汽车自动变速器油（ATF）的更换

情景导入

小明舅舅家汽修厂接待了一辆 CNG 汽车的保养服务，该 CNG 汽车配备自动变速器。请你作为一名维修技师，对该车自动变速器油进行更换。

知识准备

CNG 汽车自动变速器相比于传统手动变速器，具有自动变速、连续变扭矩、换挡时不中断动力传递，操作轻便、换挡平稳、过载保护，减轻驾驶员的劳动强度，提高汽车行驶的机动性、安全性和越野性等特点。其主要由液力变矩器、齿轮变速器、油泵、控制系统（全液压式或电液控制式）等几个部分组成，如图 3-3-1 所示。

图 3-3-1　CNG 汽车自动变速器的结构组成

一、自动变速器油的功用与性能

（一）自动变速器油的功用

自动变速器的自动控制是依靠液压控制系统来完成的，而变速器油就是其传力介质，对自动变速器的工作、使用性能及使用寿命都有非常重要的影响。自动变速器油（Automatic Transmission Fluid）简称 ATF，是指专用于自动变速器的油液。其在自动变速器中主要有以下功用：

（1）通过液力变矩器将发动机动力传递给变速器。

（2）通过电控、液控系统传递压力和运动，完成对各换挡元件的操纵。

（3）冷却：将变速器中的热量带出传递给冷却介质。

（4）润滑：对行星齿轮机构和摩擦副强制润滑。

（5）清洁：运动零件并起密封作用。

（二）自动变速器油的性能

自动变速器油是由基础油与多种添加剂调和而成。在 CNG 汽车所使用的几种主要润滑剂中，自动变速器油是配方最复杂、调配最困难的一种润滑剂，也是技术含量最高的润滑剂。由于 ATF 工作特点的不同，在性能上有别于其他油液，因此，自动变速器油需具有以下特征：

1. 黏温性

因自动变速器油的实际工作温度范围较宽（一般为 $-40 \sim 170$ °C），且自动变速器的工作性能受自动变速器油的黏度影响较大，所以黏度是自动变速器油最重要的性能之一。黏度过小，会导致液压系统中油的泄漏增加，引起换挡不正常；黏度过大，会影响液力变矩器的传动效率，同时还会造成低温情况下车辆起动困难。

为保证自动变速器的正常工作，要求自动变速器油在正常工作温度变化范围内，其黏度变化越小越好。为兼顾高温和低温工况对黏度的不同要求，常用自动变速器油在 100 °C 时的运动黏度一般在 7 mm^2/s 左右。为改善自动变速器油的黏温特性，使其黏度随工作温度的变化不过于明显，通常在基础油中加入一定量的黏度指数改进剂。

2. 抗氧化安定性

自动变速器油的使用温度很高，如果其氧化安定性不好，则会生成油泥、漆膜、沉淀物及酸性物质，导致自动变速器压力控制机构的管路和阀门的工作受到严重影响，如堵塞滤清器，使液压控制系统失灵、离合器和制动器打滑等，甚至造成自动变速器损坏。为此，需要向油中加入抗氧化剂。

3. 抗磨性

为确保自动变速器行星齿轮机构、轴承、垫圈和油泵等零部件工作稳定、良好，增长自动变速器的使用寿命，要求自动变速器油必须有良好的抗磨性。

4. 抗泡沫性

自动变速器油产生泡沫对液力传动系统危害极大。油液中的泡沫会使自动变速器油的润滑性能变差，液力变矩器传递效率下降，液压系统压力波动，甚至供油中断，引起机件磨损增加甚至烧毁。为提高自动变速器油的抗泡沫性，一般在其中加入抗泡沫添加剂。

5. 摩擦特性

自动变速器换挡执行机构的离合器属于湿式多片摩擦离合器，自动变速器油作为摩擦介质，要求有与摩擦片相匹配的静、动摩擦系数，否则会影响换挡性能。

二、自动变速器油的使用

自动变速器的维护内容主要在于做好自动变速器油的使用、检查和更换，以保持 CNG 汽车自动变速器良好的力学性能，延长其使用寿命。

（一）自动变速器油的选用原则

自动变速器油一般每 6 万 ~ 12 万千米更换一次，恶劣行驶情况下每 6 万千米更换一次。在选择 ATF 时，应尽量选用汽车维护手册规定的品种型号，这是汽车厂家根据汽车变速器的技术指标设计出有针对性的油品。在没有原厂油品的情况下，自动变速器油的选用也应严格遵循使用规定，不同牌号、不同品种的 ATF 不能混用，同牌号不同生产厂家的也不宜混用。

（二）自动变速器油的使用

自动变速器油的使用寿命和使用性能都与使用有着密不可分的关系，在使用中应注意以下几点：

1. 控制加注量

一般加入自动变速器中的油液数量，应保证在液力变矩器及各操纵油缸充满以后，变速器中油面高度低于行星齿轮等旋转件的最低点，高出阀体与变速器壳体的接合面。

若油面低于标准，机油泵会吸入空气，会导致空气混入工作液，降低油压，造成各控制阀和执行元件动作失准，操纵失灵，离合器片、制动器会早期磨损，加速自动变速器油氧化变质；运动件得不到充分润滑，会导致因过热而引发运动件卡滞及产生噪声。

当油面过高时，会由于机械搅拌而产生大量泡沫，这些泡沫进入液压控制系统，会导致液压回路油压降低，使各控制滑阀和执行元件动作失准，还会引起离合器、制动器打滑等故障。如果控制阀体浸没于自动变速器油中，则液压管路中的制动器、离合器的泄油口会被自动变速器油阻塞，施加于离合器、制动器的油压不能完全释放或释放速度太慢，使离合器、制动器动作迟缓。在坡路行驶时，由于过多的油在油底壳中晃动，还可能从加油管往外窜油，容易引起火灾。

2. 判断自动变速器油品质

正常的自动变速器油，应清澈略带红色。但自动变速器内的工作温度很高（可达 170 °C），使得自动变速器油随时间推移，其质量因高温氧化等原因逐渐下降，油的颜色也由红色逐渐变为暗红或褐色，并逐渐丧失其功能，使变速器内机件磨损增加，离合器和制动器出现打滑现象。因此，必须加强对油液品质的检查。

3. 确定换油周期

由于自动变速器结构复杂精密，要想保持其良好的技术状况，维护很关键。每个汽车制造厂家都会为自己生产的汽车制定相应的换油周期。不同的生产厂商，规定的换油周期不尽相同，不同用途的汽车换油周期也不同。汽车制造厂家换油周期一般都规定有两个指标，即里程数和时间，以先到者为准。

需要注意的是，对换油周期，虽然汽车厂家已经规定了时间和里程间隔，但长期在苛刻的条件下使用的车辆，行驶 2 万千米或 12 个月，应根据检查情况及时更换自动变速器油；对于工作环境比较优越的车来说，在确保油品质量良好的情况下，也可适当推迟换油周期。

二、自动变速器油的检查

自动变速器油的检查对自动变速器的正常使用、确定换油周期及延长自动变速器使用寿命有着重要影响。自动变速器油检查主要包含油量检查和油质检查。

1. 油量检查

（1）试运行被检车辆，使发动机和变速器达到正常工作温度（50 ~ 80 °C）。

（2）将汽车停放在水平地面上，并拉紧驻车制动。将选挡杆拨至 P 挡位置后起动发动机。

（3）让发动机保持怠速运转。踩住制动踏板，将选挡杆拨至倒挡、前进挡、前进低挡等位置，并在每个挡位上停留几秒钟，使液力变扭器和所有换挡执行元件中都充满液压油。最后将选挡杆拨至 P 位置，如图 3-3-2 所示。

图 3-3-2　自动变速器挡位

（4）从加油管内拔出自动变速器油尺，将擦干的油尺全部插入加油管后再拔出，检查油尺上的油面高度，如图 3-3-3 所示。若油位高度不满足要求，应及时加油或放油。对没有放油螺塞的进口自动变速器来讲，少量放油时，可从加油管处向外吸。

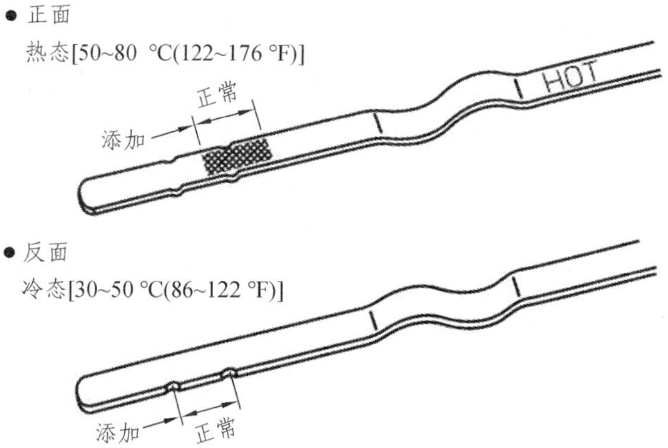

图 3-3-3　自动变速器油尺

2. 油质检查

判断自动变速器油液品质可以从颜色、气味和是否含有杂质等方面入手。其检查方法为：将油尺上的液压油滴在干净的白纸上，检查液压油的颜色、气味和杂质情况。

正常变速器油的颜色应当略带红色，如图 3-3-4 所示。如果呈棕色或黑色，则说明油液中含有烧蚀的摩擦材料等大量杂质。若油液呈粉红色或白色，则表明发动机散热器的油冷却器出现泄漏冷却液的故障。

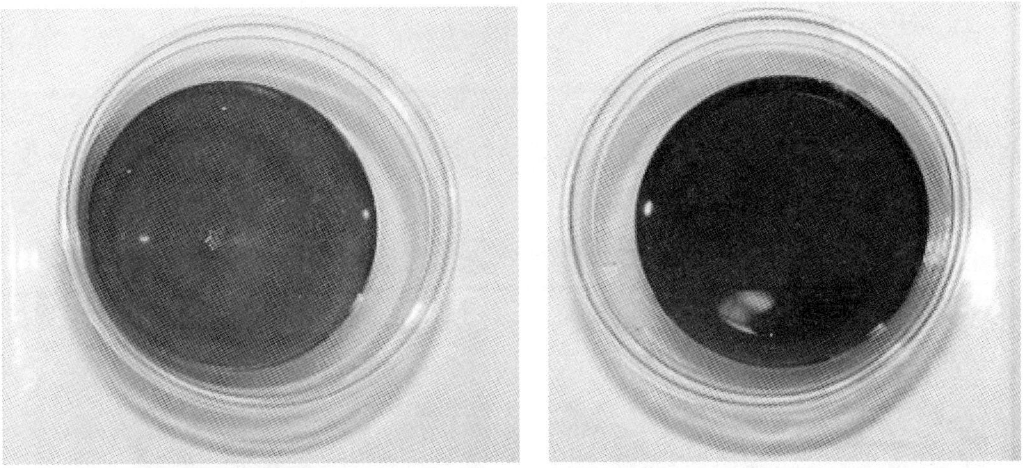

（a）正常 ATF 颜色　　　（b）含有杂质的 ATF 颜色

图 3-3-4　ATF 的不同颜色

合格的变速器油应该有类似新的机油的气味。烧焦的味道意味着执行元件打滑或自动变速器过热。如果有清漆味，则说明油液氧化或变质。若油液带有泡沫，可能是由于油泵进油道渗入空气造成的。

一旦变速器油液出现上述现象中的任何一种，就应该立即更换。

任务实施

一、实施准备

任务名称：CNG 汽车自动变速器油的更换。

资源要求：

（1）根据工位数量将学生分组，每小组 6 人分工协作操作。

（2）做好车辆安全防护工作，对完工车辆进行检验，并做好现场 5S 工作。

（3）操作设备及资料清单见表 3-3-1。

表 3-3-1　操作设备及资料清单

序号	名　称	型　号	数　量
1	实训用 CNG 汽车	CK6106	5
2	工具车（附带全套工具）		5
3	工作车型维修手册	CK6106	5

二、任务执行

（1）拆下汽车底板，拉紧驻车制动，将车辆放置于举升机上。

（2）取下放油孔塞，放出 ATF，更换新衬垫后装回拧紧，如图 3-3-5 所示。自动变速器油有一定温度，小心烫伤。

（a）放油孔塞

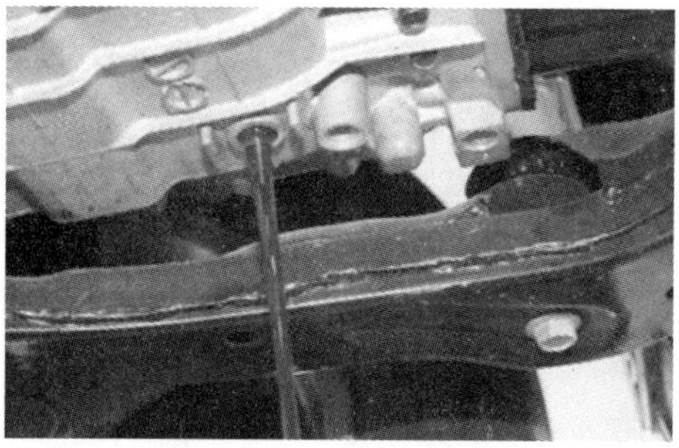

（b）放出自动变速器油

图 3-3-5　ATF 放油过程

（3）注油：按照厂家规定加注相应牌号及容量的全新 ATF，如图 3-3-6 所示。

图 3-3-6　加注新 ATF

（4）检查自动变速器油量是否正常。起动发动机，在发动机怠速运转的情况下，移动选挡杆经所有的挡位后回到 P 挡位，然后再加油至规定的标准，如图 3-3-7 所示。

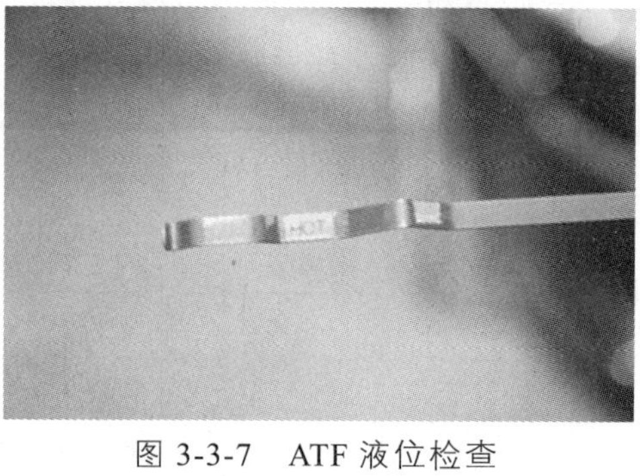

图 3-3-7　ATF 液位检查

（5）整理工位，做好现场 5S 工作。

考核评价

任务实施评价见表 3-3-2。

表 3-3-2　任务实施评价

考核项目	评价标准	评价方式			得分
流程图是否完成	根据需要进行试车验证（40%）	自评	互评	教师评价	
诊断计划是否合理	按照计划顺利诊断故障（20%）				
诊断计划设计是否规范	诊断过程规范、流程清晰（20%）				
现场 5S 工作情况	工具整理、现场清扫等（20%）				

课后拓展

1. CNG 汽车自动变速器油具有哪些作用？
2. CNG 汽车自动变速器油如何进行油量检查？

项目四

CNG 汽车行驶系统检测与维修

知识引入

CNG 汽车行驶系统将汽车各总成及部件连接成一个整体，并对车辆起着支撑作用，同时将转矩转化为汽车行驶的驱动力，承受并传递各种反力弯矩和转矩，减小车辆振动，保证车辆平稳行驶。现代 CNG 汽车行驶系统使用性能较好，不易出现机械故障，在车辆运行中常见故障主要出现在轮胎的使用异常及车辆行驶跑偏。

任务一　CNG 汽车轮胎的维护作业

情景导入

小明舅舅驾驶一辆 CNG 汽车，在行驶途中发现左后轮气压明显下降，他赶紧停车，取出备用轮胎换上，并及时开到维修厂维修。请你作为一名维修技师，对故障轮胎进行分析并修补。

知识准备

一、轮胎的作用

车辆轮胎是车辆行驶系统的重要零部件之一。据估算，花在轮胎上的维护费用约占车辆正常维护费用的 30%。轮胎性能的优劣直接影响车辆的牵引性、通过性、稳定性、安全性和舒适性等。现代城市公交车辆都采用充气式轮胎，轮胎安装在轮辋上，直接与路面接触，其主要作用是：

（1）支承车辆的质量，承受路面传来的各种载荷。

（2）与车辆悬架共同来缓和车辆行驶中所受到的冲击，并衰减由此而产生的振动，以保证车辆具有良好的乘坐舒适性和行驶平顺性。

（3）保证车轮和路面有良好的附着性，以提高车辆的动力性、制动性和通过性。

二、影响车辆轮胎寿命的因素

轮胎的使用性能是以利用压缩空气的性质和内外胎的弹性为基础的。车辆车轮承受和传递车辆与路面的全部作用力，在各种外力作用下，产生复杂的变形。因变形发生摩擦，产生大量内热，使轮胎温度升高，强度降低。轮胎的损坏，基本上就是力和热综合作用的结果。

轮胎气压、负荷、车辆行驶速度、气温、道路条件、车辆技术状况、驾驶方法、维修质量和管理技术等因素对轮胎的使用寿命影响很大。

1. 轮胎气压

“气压是轮胎的生命”，轮胎气压不同，所承受的负荷就不同。轮胎气压偏离标准是轮胎早期损坏的主要原因，尤其是气压不足对轮胎的危害最大。

轮胎气压越低，胎侧变形越大，使胎体帘线产生较大的交变应力。由于帘线能承受较大的伸张变形，而承受压缩变形的能力较差，故周期性的压缩变形会加速帘线的疲劳破坏。

2. 轮胎负荷

轮胎所承受的最大负荷，在设计时已经限定。超载时，外胎损坏特点与气压低时类似，胎侧弯曲变形大。但轮胎超载时受力和变形状态比气压低时更恶化，因此轮胎的损坏就更加严重。

3. 车辆行驶速度和气温

高速行驶时胎面与路面摩擦频繁，滑移量大，使胎体温度升高，结果导致轮胎气压增高。

气温对轮胎的使用寿命影响也很大。轮胎使用寿命会明显缩短，其根本原因是在这种场合下轮胎气压急剧升高。

4. 道路条件

影响轮胎使用寿命的道路因素主要是路面材料和平坦度。它们关系到摩擦力和动负荷的大小，由此影响轮胎的使用寿命。轮胎在良好平整的路面上行驶时，负荷的类型主要是静负荷，主要损坏形式是正常磨损。车辆在坏路上行驶时，由于轮胎动负荷大，轮胎的使用寿命缩短很多。

5. 汽车技术状况

汽车底盘的技术状况，尤其是行驶系统不良，会造成轮胎的异常磨损。

6. 汽车驾驶方法

起步过猛，使驱动轮上的负荷骤然增加，轮胎与地面发生强烈的摩擦，容易发生滑转现象，增加轮胎磨损。

紧急制动时，轮胎由滚动变为滑移，局部胎面受到剧烈摩擦产生高温，使胎面胶软化而加剧磨损。同时在缓冲层和帘布层中产生较大的切应力，会使胎面花纹发生崩裂，胎面胶脱空或胎体脱层。

转弯过急，使车轮侧向滑移，增加胎面磨损，并使胎侧过度变形，在胎圈部位产生很大应力，可使胎圈破裂，胎体脱层，甚至爆破。

行驶中轮胎碰撞障碍物，使轮胎受到强烈冲击，引起过度变形，损坏帘布层。

7. 轮胎的维护质量

在汽车二级维护中没有将拆检轮胎、进行轮胎换位作为主要内容。拆装轮胎时没有使用专用工具或拆装方法不当，也会影响轮胎的使用寿命。

如果将类型、规格、花纹和新旧程度不同的轮胎混装，就会使部分轮胎超载而早期损坏。

三、轮胎的使用

合理使用轮胎，不仅能有效提高 CNG 汽车的运行质量，延长其使用寿命，更能有效降低车辆燃气消耗，提升其经济性。在轮胎使用过程中，应注意以下几点：

（1）保持轮胎标准气压。

（2）防止轮胎超载：轮胎的负荷不应超过轮胎的额定负荷。

（3）掌握车速，控制胎温，汽车行驶速度与轮胎生热的关系很大，车速越高，挠曲变形速度就越快，轮胎生热量也就越大，轮胎胎体温度上升至 100 °C 以上时，轮胎会分层、脱空甚至爆胎。

（4）保持汽车技术状况良好。

（5）正确驾驶：汽车应起步平稳，加速均匀，选择平坦路面，少用紧急制动。

四、轮胎的检查维护

（一）轮胎的检查

轮胎检查主要包含轮胎检查、车轮轴承检查、备胎检查等 3 个方面。

1. 轮胎检查

轮胎本身检查项目主要包括胎侧及胎肩的情况[见图 4-1-1（a）]、轮胎胎面有无金属颗粒或其他异物嵌入[见图 4-1-1（b）]、轮胎胎面的磨损情况[见图 4-1-1（c）]、轮胎胎压[见图 4-1-1（d）]、气门嘴的漏气情况[见图 4-1-1（e）]、轮胎胎面花纹沟槽深度[见图 4-1-1（f）]、轮圈和轮盘的情况、轮胎螺栓孔的情况等内容。

（a）检查胎肚及胎肩

（b）检查胎面有无异物嵌入

（c）检查轮胎胎面磨损

（d）检查轮胎气压

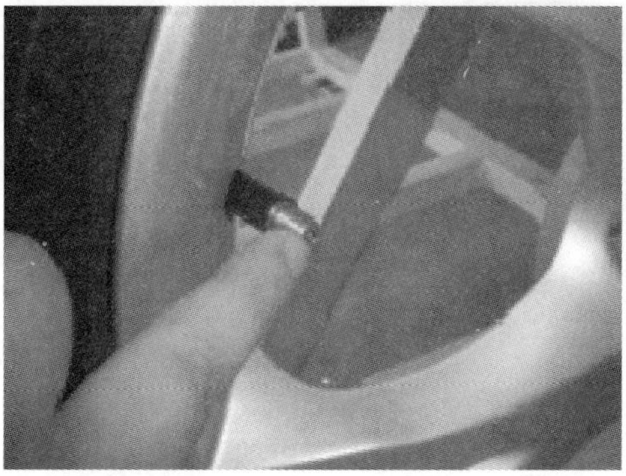

（e）检查气门嘴漏气

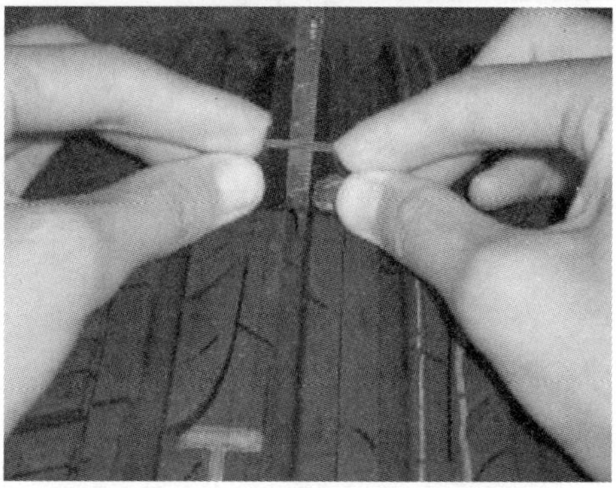

（d）检查轮胎花纹沟槽深度

图 4-1-1 轮胎的检查

在检查轮胎胎面花纹沟槽深度时，如果胎面沟槽深度小于 1.6 mm，在胎面上会出现磨损极限标记，此时，应及时更换轮胎。轮胎气压检查应在轮胎冷却后进行。在行驶中车速超过 40 km/h，不踩刹车而方向盘抖动还应该检查车轮的动平衡情况。

2. 车轮轴承检查

将车辆平稳地停放在举升机上，检查车轮有无摆动、转动是否良好、有无噪声。检查完毕后，按照规定要求安装轮胎，按对角线拧紧车轮螺母，使用扭矩扳手再检查拧紧扭矩为 90 ~ 110 N · m，如图 4-1-2 所示。

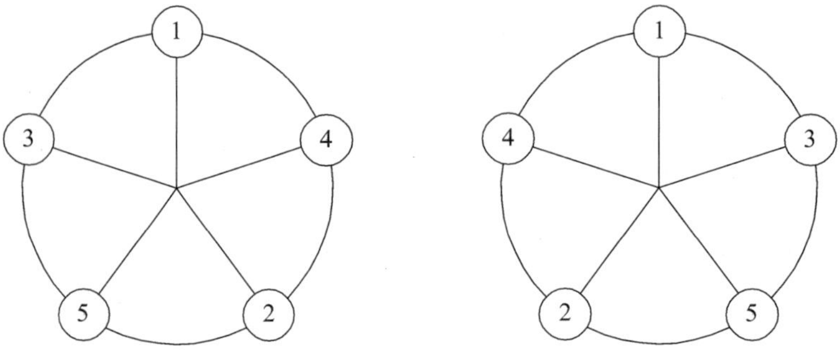

图 4-1-2　CNG 汽车轮胎拧紧顺序

3. 备胎检查

备胎检查内容与检查方法与轮胎检查无异，此处不再赘述。

（二）常见轮胎异常磨损

若轮胎使用不当或前轮定位不准，将产生故障性不正常磨损，常见轮胎异常磨损见表 4-1-1。

表 4-1-1　常见轮胎异常磨损

名称	断面图	发生形态	主要原因	补充说明
中间磨损	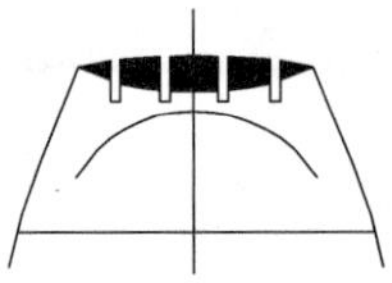		1. 气压过高 2. 轮胎和轮辋不匹配 3. 由于重力是向下垂直作用的，中间磨损多发生在驱动轴最承重的轴上	1. 胎冠的中央花纹的磨损较胎肩快 2. 带束层钢丝甚至出现外露
单肩磨损	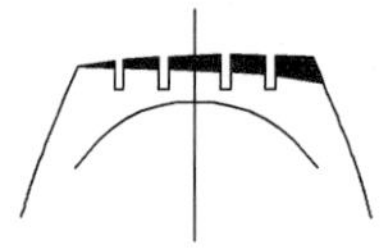	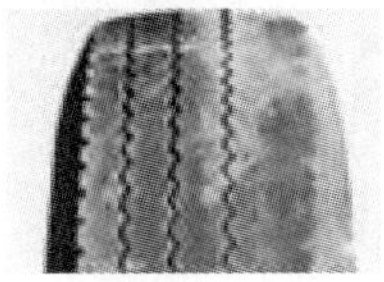	1. 用于前轮时由于前束等四轮定位不良造成 2. 横拉杆弯曲	相对于胎冠中央部分，胎肩单边的花纹磨损较快

续表

名称	断面图	发生形态	主要原因	补充说明
双肩磨损	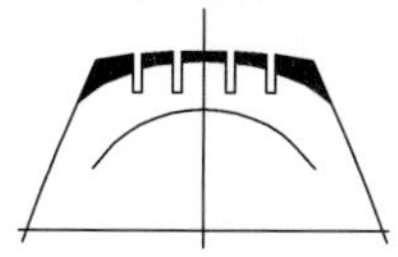		1. 多发生于充气不足 2. 轮胎和轮辋不匹配	胎肩两边的花纹磨损较快，中央胎冠部花纹沟正常
胎肩端部磨损	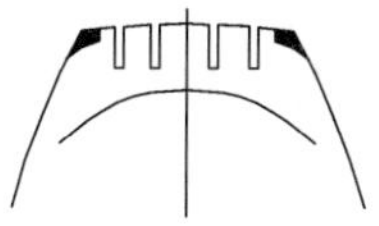		1. 气压不足或超载 2. 轮胎和轮辋不匹配 3. 四轮定位不良	胎肩花纹条外侧边缘的磨损较内侧边缘及中间花纹快
阶梯状磨损	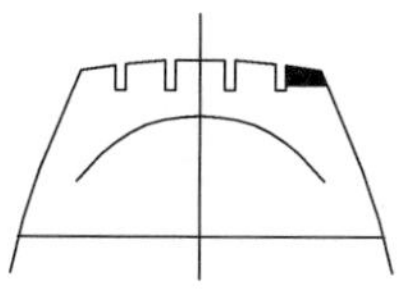	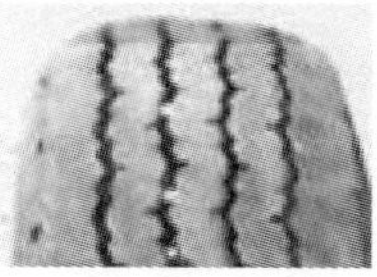	1. 用于前轮时由于前束等四轮定位不良造成 2. 气压过低或超载造成进一步发展 3. 轮胎与轮辋不匹配	一侧胎肩部位的花纹磨损较快，与中间花纹沟形成段差
河道磨损	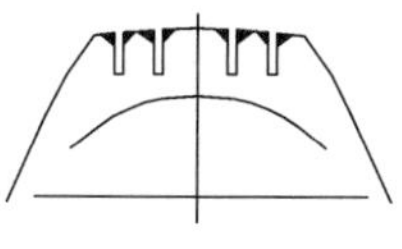	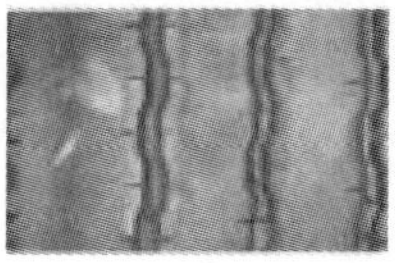	1. 复轮气压不一致 2. 复轮花纹不一致 3. 复轮新旧不一致 4. 复轮性能不一致	1. 花纹条边缘迅速磨损，进而发展到整个圆周，胎面看上去像河道 2. 轮胎可以继续使用，不会明显影响轮胎的寿命

（三）轮胎的维护

轮胎的维护属于汽车维护作业的重要内容之一。其维护技术规范应遵循 GB/T 18344—2016《汽车维护、检测、诊断技术规范》的相关规定。汽车维护有日常维护、一级维护、二级维护 3 个重要作业项目。因篇幅受限，本书主要介绍汽车轮胎二级维护相关知识。

（1）检查轮胎规格及型号。轮胎规格型号应符合规定，同轴轮胎的规格和花纹应相同，公路客车（客运班车）、旅游客车、校车和危险货物运输车的所有车轮及其他车辆的转向轮不得装用翻新的轮胎。

（2）检查轮胎外观。轮胎的胎冠、胎壁不得有长度超过 25 mm 或深度足以暴露出帘布层的破裂和割伤以及凸起、异物刺人等影响使用的缺陷。具有磨损标志的轮胎，胎冠的磨损不得触及磨损标志；无磨损标志或标志不清的轮胎，乘用车和挂车胎冠花纹深度应不小于 1.6 mm；其他车辆转向轮的胎冠花纹深度应不小于 3.2 mm，其余轮胎胎冠花纹深度应不小于 1.6 mm。

（3）轮胎换位。根据轮胎磨损情况或相关规定，视情况进行轮胎换位。

（4）检查、调整前轮前束，使之符合规定。

任务实施

一、实施准备

任务名称：CNG 汽车轮胎的维护作业。

资源要求：

（1）根据工位数量将学生分组，每小组 6 人分工协作操作。

（2）做好车辆安全防护工作，对完工车辆进行检验，并做好现场 5S 工作。

（3）操作设备及资料清单见表 4-1-2。

表 4-1-2　操作设备及资料清单

序号	名　称	型　号	数　量
1	实训用 CNG 汽车	CK6106	5
2	工具车（附带全套工具）		5
3	工作车型维修手册	CK6106	5

二、任务执行

在教师的带领下对实训 CNG 汽车轮胎进行二级维护作业，填写工作任务单，具体操作步骤见上文。

考核评价

任务实施评价见表 4-1-3。

表 4-1-3　任务实施评价

考核项目	评价标准	评价方式			得分
流程图是否完成	根据需要进行试车验证（40%）	自评	互评	教师评价	
诊断计划是否合理	按照计划顺利进行维护作业（20%）				
诊断计划设计是否规范	维护作业过程规范、流程清晰（20%）				
现场 5S 工作情况	工具整理、现场清扫等（20%）				

课后拓展

1. 汽车轮胎有哪些作用?
2. 简述汽车轮胎的检查作业内容。

任务二 CNG 汽车行驶跑偏故障检测与维修

情景导入

小明舅舅驾驶一辆 CNG 汽车行驶在高速路上，途中发现车辆总要自动偏右行驶，他必须要用力控制方向盘，才能让车辆保持直线行驶。请你作为一名维修技师，对该故障进行分析诊断并有效排除。

知识准备

CNG 车辆转向系统的作用是根据交通和道路情况变化的需要，由驾驶员通过操纵转向盘，以改变汽车行驶的方向或使汽车保持稳定的直线行驶。汽车转向系统技术状况的好坏对汽车行驶的安全性有着极其重要的影响，对转向系统的要求有以下几点：

（1）转向时必须轻巧灵活，转向后车轮能自动回正；

（2）转小弯时，转向盘不必转很多圈；

（3）直向前进时，应稳定且无蛇行现象；

（4）车轮的振动及摆动不致使转向盘转动；

（5）转向时，左、右转向轮轴线的延长线和后轴的延长线应相交于一点；

（6）转向时，两轮的偏转角应符合一定的规律。

在使用过程中，转向系统常见的故障有转向盘自由行程过大、转向沉重、车辆行驶自动跑偏及动力转向助力不足等。因篇幅受限，本书重点讲解 CNG 汽车行驶中自动跑偏故障的检修。

一、转向系统

CNG 汽车目前广泛应用动力转向系统，其主要有液压式助力转向系统和电-液助力转向系统两种形式。

（一）动力转向系统

1. 液压式助力转向系统

液压式助力转向系统是在机械式转向系统的基础上，增加了一套液压助力装置。该装置主要由储油罐、油泵、油管、控制阀和工作液压缸等组成，如图 4-2-1 所示。

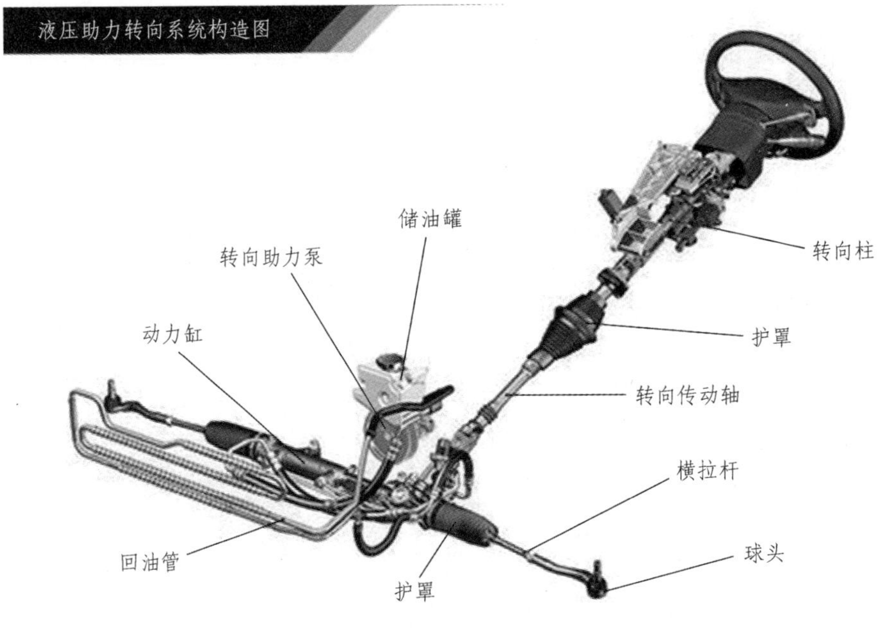

图 4-2-1　液压式助力转向装置

当 CNG 汽车转向时，驾驶员只需在转向盘上用较小的力，此时由发动机驱动的油泵建立的高压油在控制阀的控制下进入动力缸，推动转向轮偏转，实现汽车转向。由于增加了液压助力装置，驾驶员操纵转向盘转动既轻便又灵敏。同时，液压系统工作时无噪声，滞后时间短，而且能吸收来自不平路面的冲击。

2. 电-液压式助力转向系统

随着汽车电子技术的日益成熟和广泛应用，现在一部分 CNG 汽车开始采用电-液压式助力转向系统。它是在液压式助力转向系统的基础上增加了电子控制部分。其助力系统主要由电控单元、车速表、转向器、电液转换器、储液罐、液压泵等组成，如图 4-2-2 所示。

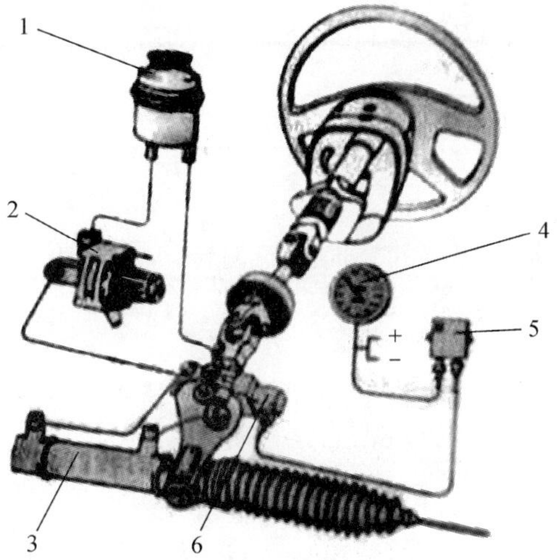

图 4-2-2　电-液压式助力转向系统

1—储液罐；2—液压泵；3—液压齿轮齿条转向器；4—车速表；5—电控单元；6—电液转换器

该系统的液压辅助力受行驶速度的影响。其工作原理如图 4-2-3 所示。当低速（车速小于 20 km/h）右转向时，转向轴顺时针转动，则右阀柱塞 4 被扭力杆 10 和装

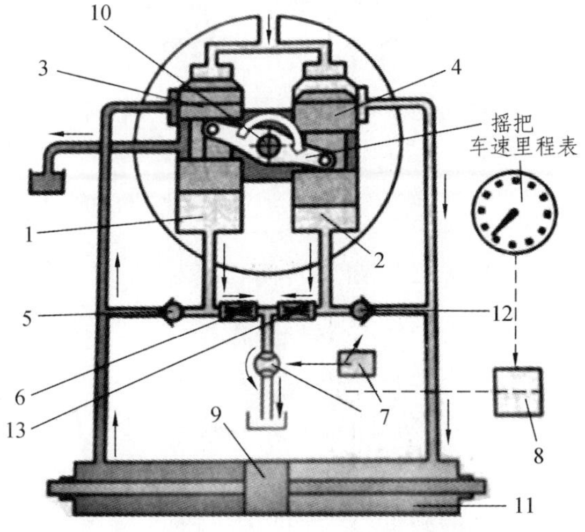

图 4-2-3　电-液压式助力转向系统工作原理

1，2—油腔；3—左阀柱塞；4—右阀柱塞；5，12—单向阀；6，13—节流阀；7—电磁阀；8—电控单元；9—工作缸活塞；10—扭力杆；11—活塞室

在它上面的扭转杠杆向下推动，使压力油流到柱塞室 11，作用在工作缸柱塞上，因而帮助增加转向力。与此同时，液压油通过单向阀 12 流入到油腔 1 和油腔 2。高速时，电磁阀完全打开，压力油从活塞室 11 经过打开的单向阀 12、节流阀 13 和打开的电磁阀流入到回油管。由于液压油在打开的单向阀 12 中流动和节流阀 13 的节流作用，油腔 2 中的压力大于油腔 1 中的压力。这个压力推动右阀柱塞 4 中的杠杆向上移动，从而在扭力杆和转向轴上产生一个反作用转矩，使得转向助力减小。驾驶员必须施加较大的转向力才能转动车轮。因此，高速时其使汽车有较好的直线控制能力。

（二）转向系统主要参数

1. 转向系统角传动比

方向盘的转角与安装在同侧的转向车轮偏转角的比值，称为转向系的角传动比，用 i_w 表示。$i_w = i_{w1} \cdot i_{w2}$。

2. 转向器角传动比

转向盘的转角与转向摇臂摆角之比，称为转向器的角传动比，用 i_{w1} 表示。

3. 转向传动机构角传动比

转向摇臂的摆角与安装在转向盘同侧的转向车轮偏转角之比，称为转向传动机构角传动比，用 i_{w2} 表示。$i_{w2} \approx 1$（一般为 0.85 ~ 1.1），故有 $i_w = i_{w1}$。可见，转向系统角传动比 i_w 主要取决于转向器角传动比 i_{w1}。货客车的 i_{w1} 一般为 16 ~ 32，轿车的 i_{w1} 一般为 12 ~ 20。

转向系角传动比 i_w 影响汽车的操纵轻便性和转向灵敏性。i_w 越大，操纵转向盘的转向力矩越小，当转向盘直径一定时，驾驶员施加于转向盘的力就越小，即转向操纵越轻便。但 i_w 不能过大，否则将导致转向操纵不够灵敏，即为了得到一定的转向轮偏转角，需增加转向盘的转动量。所以，选取 i_w 时，应适当兼顾转向操纵轻便和转向灵敏两方面的要求。

4. 转向器传动效率

转向器输出功率与输入功率之比称为转向器传动效率。当功率由转向盘输入，从转向摇臂输出时，所求得的传动效率称为正传动效率；反之，转向摇臂受到道路冲击而传到转向盘的传动效率则称为逆传动效率。正、逆传动效率都很高的转向器（称为可通逆式转向器），有利于汽车转向后转向轮的自动回正，但转向盘“路感”很强，也容易在坏路行驶时出现“打手”现象，所以它主要应用于经常在良好路面行驶的车辆。正传动效率远大于逆传动效率的转向器 （称为极限可逆式转向器），能实现汽车转向后转向轮的自动回正，只有路面冲击力很大时，方能部分地传到转向盘，其“路感”较差，所以它主要应用于中型以上的越野汽车、工矿用自卸汽车等。

5. 方向盘自由行程

转向盘为消除转向系统各传动件之间的装配间隙、克服弹性变形所空转过的角度称为转向盘自由行程。转向系统各传动件之间都存在着装配间隙，而且这些间隙将随零件的磨损而增大，因此，在一定的范围内转动转向盘时，转向节并不随即同步转动，而是在消除这些间隙并克服机件的弹性形变后，才做相应转动，即转向盘有一空转范围。

转向盘自由行程对于缓和路面冲击及避免驾驶员过于紧张是有利的，但过大的自由行程会影响转向灵敏性。因此，汽车维护中应定期检查转向盘自由行程。机动车转向盘的最大自由转动量从中间位置向左或向右均在 10° ~ 15°。当零件磨损严重到转向盘自由行程超过 25°时，则必须进行调整。通常是通过调整转向器传动副的啮合间隙来调整转向盘自由行程。

（三）转向系统的维护与调整

转向系统通常应在 CNG 汽车行驶 5 万千米或 120 天时进行一次清洗、换油与维护。维护时应遵循 GB/T 18344—2016《汽车维护、检测、诊断技术规范》的相关规定。其具体作业内容如下：

（1）检查转向器和传动机构，转向应轻便、灵活，转向无卡滞现象，锁止、限位功能正常。

（2）检查转向系统各部件技术状况，转向节臂、转向器摇臂及横直拉杆无变形、裂纹和拼焊现象，球销无裂纹、不松旷，转向器无裂损、无漏油现象。

（3）检查调整转向盘最大自由转动量，最高设计车速不小于 100 km/h 的车辆，其转向盘的最大自由转动量不大于 15°，其他车辆不大于 25°。

（4）检查储液罐内动力转向液液面高度。热态时（约 66 °C），其液面高度必须在 HOT（热）和 COLD（冷）之间。冷态时（约 21 °C），液面高度必须在 ADD（加）和 COLD（冷）标记之间。

二、转向桥

转向桥通常位于 CNG 汽车前部，其主要作用是使车轮偏转一定的角度以实现汽车的转向，同时还要承受车架与车轮之间的作用力及弯矩和转矩。转向桥主要由前轴、转向节、主销和轮毂等组成，如图 4-2-4 所示。

转向轮、转向节、前轴三者与车架的安装应该保持一定的相对位置关系，这种安装位置关系称为转向定位，也称为前轮定位。后轮与后轴之间的安装相对位置关系称之为后轮定位。前、后轮定位统称车轮定位，它们的作用及内容有所不同。转向轮定位的基本功用是使汽车直线行驶稳定，转向后能自动回正，提高了汽车行驶的安全性，并使转向轻便，减少轮胎及转向系零件的磨损等。转向轮定位的参数包括主销后倾角、主销内倾角、前轮外倾角及前束。

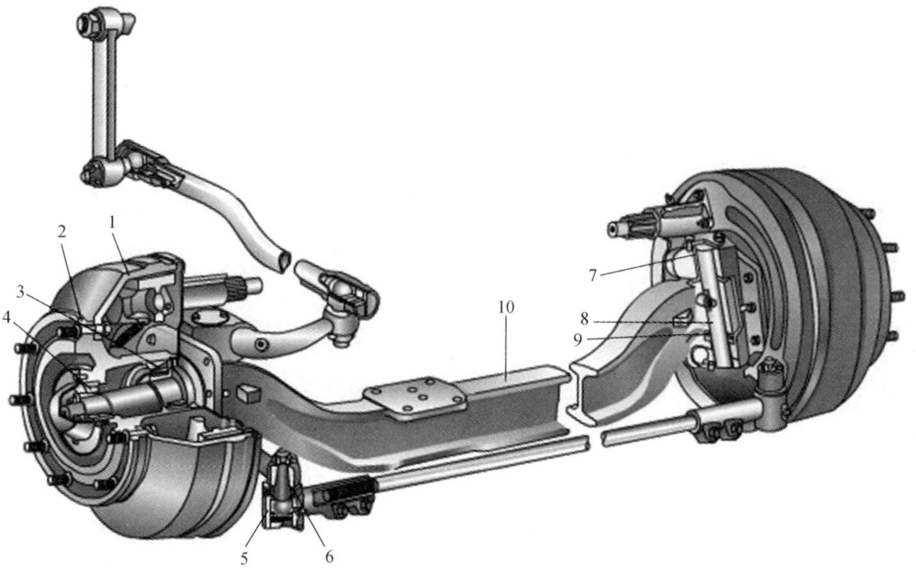

图 4-2-4　转向桥的结构组成

1—制动鼓；2—轮毂；3，4—轮毂轴承；5—转向球头销；6—油封；7—衬套；8—主销；9—推力轴承；10—前轴

1. 主销后倾角

主销后倾角是指在纵向平面内主销上部向后倾斜一个角度γ，通常在 3°以内，它使主销轴线与路面的交点位于轮胎接地中心之前，该距离称为后倾拖距。此时，汽车转向引起的离心力使路面对车轮作用着一阻碍其侧滑的侧向反力，使车轮产生绕主销旋转的回正力矩，保证了汽车有较好的直线行驶稳定性，如图 4-2-5 所示。

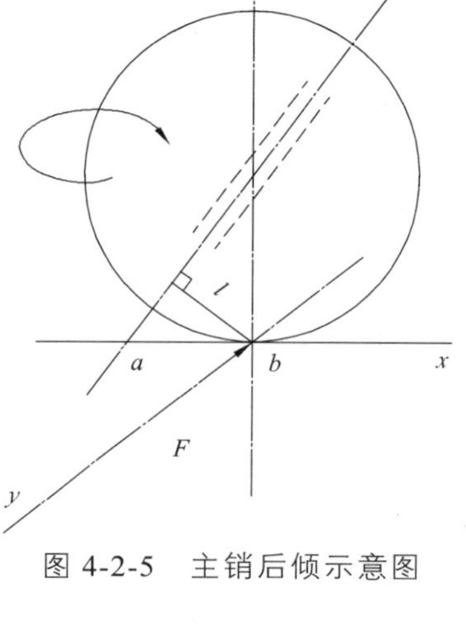

图 4-2-5　主销后倾示意图

2. 车轮外倾角

车轮外倾角是指车轮在安装时，其轮胎中心不是垂直于水平面，而是向外倾斜一个角度α，为 0.5° ~ 1.5°，它可避免汽车重载时车轮产生内倾，同时和拱形路面相适应，如图 4-2-6（a）所示。

3. 主销内倾角

主销内倾角是指在横向平面内主销上部向内倾角的一个角度β，一般为 5° ~ 8°，它使主销轴线与路面的交点至车轮中心平面的距离 e（即主销偏移距）减小，从而可减小转向时需加在转向盘上的力，使转向轻便；它还使车轮转向时不仅有绕主销的转动，还伴随有车轮轴及前梁向上的移动，当转向盘松开时，所储存的上升位能使转向轮自动回正，保证了汽车直线行驶的稳定性，如图 4-2-6（b）所示。

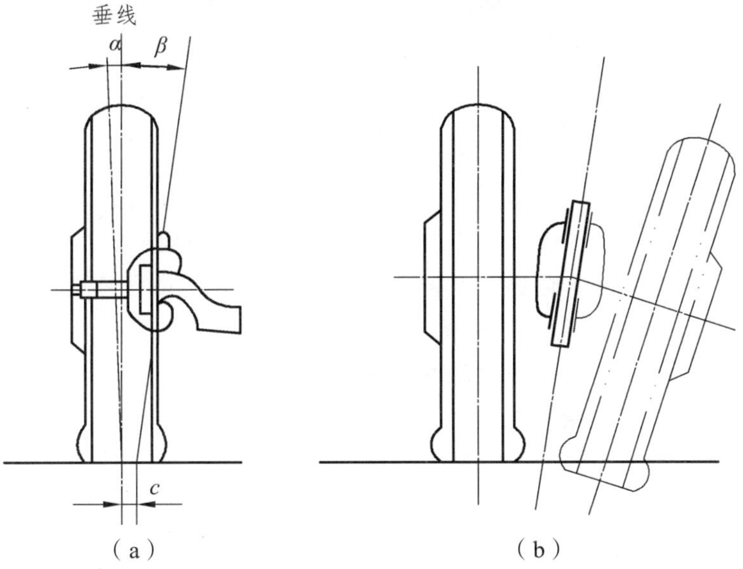

图 4-2-6 车轮外倾和主销内倾示意图

主销后倾角大小一般是利用前轴、钢板弹簧和车架装配在一起时，钢板弹簧对前轴产生一个扭转力矩，使前轴向后转过一个角度，进而使主销孔向后倾斜而形成的。维修中可在钢板弹簧与前轴之间加装楔形垫块进行调整。

4. 前轮前束

为了消除汽车行驶时因车轮外倾导致的车轮前端向外张开的不利影响（具有外倾角的车轮滚动犹如滚锥），可使车轮安装时两前轮中心平面不平行，且左右轮前面轮缘间的距离 A 小于后面轮缘间的距离 B，使车轮每一瞬时的滚动方向是向着前方，前束即 B-A，一般汽车为 3 ~ 5 mm，如图 4-2-7 所示。

前轮前束的作用是减小或消除汽车前进中，因前轮外倾和纵向阻力致使前轮前端向外滚开所造成的滑移。

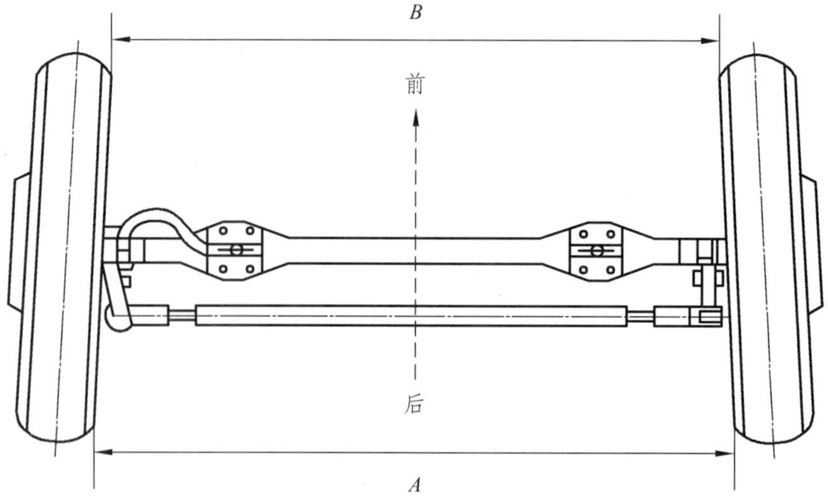

图 4-2-7　前轮前束（俯视图）

三、CNG 汽车行驶时自动跑偏故障诊断与检修

当车辆在直线上行驶时，若驾驶员轻握方向盘，行驶方向会自动朝一侧偏离，这时必须用力握紧方向盘，才能保持车辆直线行驶，这一现象称为行驶自动跑偏。

造成车辆行驶跑偏的主要原因有前轮定位失准、左右侧轴距不一致、左右侧行驶阻力不一致、左右车轮半径不一致等。

对该故障诊断进行诊断与排除的步骤如下：

（1）检查跑偏一侧的轮毂和制动器是否温度过高。如果温度过高，故障有可能是由于轮毂轴承过紧和制动拖滞造成的，应调整制动器间隙或轮毂轴承预紧度。

（2）检查轮胎气压和轮毂轴承松紧程度。若有问题，须给轮胎充气，调整轴承预紧度。

（3）新换轮胎出现跑偏，原因多为轮胎规格不等，应更换合格轮胎。

（4）检查钢板弹簧有无松动、断裂，车桥有无歪斜移位，车架有无变形等。

（5）检查前轮定位情况。定位不正确时应调整。

任务实施

一、实施准备

任务名称：CNG 汽车行驶跑偏的四轮定位检测。

资源要求：

（1）根据工位数量将学生分组，每小组 6 人分工协作操作。

（2）做好车辆安全防护工作，对完工车辆进行检验，并做好现场 5S 工作。

（3）操作设备及资料清单见表 4-2-1。

表 4-2-1　操作设备及资料清单

序号	名　称	型　号	数　量
1	实训用 CNG 汽车	大众	5
2	四轮定位仪		2
2	工具车（附带全套工具）		5
3	工作车型维修手册	桑塔纳	5

二、任务执行

（1）将实训 CNG 车辆停放在四轮定位检测台，检查车辆停放位置，确认车辆空载，如图 4-2-8 所示。

图 4-2-8　停放车辆

（2）安装夹具。安装夹具时要将夹具调整手柄向上，尽量垂直于水平面安装，夹具四个爪定位平面要和轮辋外缘靠紧，须保证夹具爪定位面与轮辋边缘贴紧夹牢，如图 4-2-9 所示。

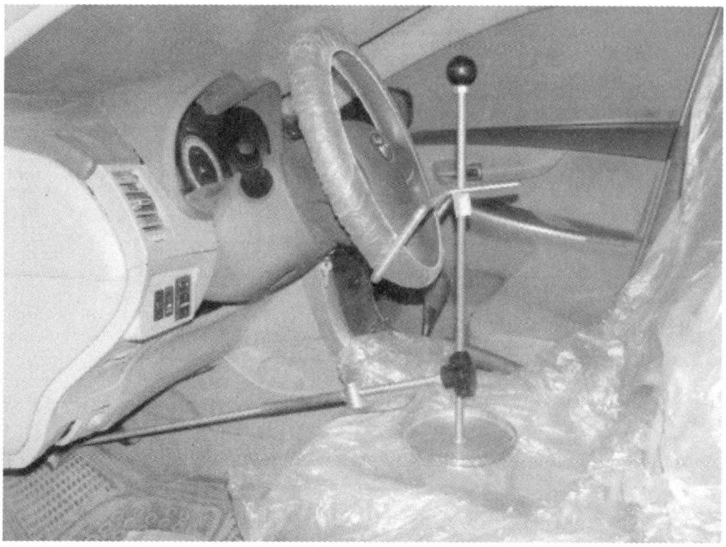

图 4-2-9　安装仪器

（3）安装测量头。把测量头装在夹具上时，测量头与夹具之间要靠紧，不允许出现有间隙，测量头要按测量头上所贴的标牌位置准确安装，拧紧夹具上的测量头固定螺丝，开启各测量头电源，使各测量头处于工作状态。

（4）设置系统。在系统中设有各种不同的单位，选择不同的单位，程序会自动对相关的数据进行单位转换。

（5）车辆选择。选择所要检测的车辆的生产地、厂商和型号。

（6）输入客户信息：包括车主、车辆的相关信息。

（7）调整前检测。主要目的是准确测定被检车辆的各项定位参数，从而决定是否需要维修。

（8）主销倾角测量。按屏幕提示分别将方向盘向左和右各打到 5°、8°或是 20°再回正。（打到 5°、8°或是 20°取决于“系统设置”中选择的角度）

（9）进行调整。选择“调整”功能，出现调整画面。将画面切换到前轮调整，进入到总前束调整，点击进入放大调整画面，升起车辆。最后按屏幕显示，把各参数调到最佳值。调整完毕，锁紧固定螺母。降下车辆，进行“调整后检测”，打印调整结果。

（10）取下测量头、测量头夹具，清点工具，做好现场 5S 工作。

考核评价

任务实施评价见表 4-2-2。

表 4-2-2　任务实施评价

考核项目	评价标准	评价方式			得分
流程图是否完成	根据需要进行试车验证（40%）	自评	互评	教师评价	
诊断计划是否合理	按照计划顺利诊断故障（20%）				
诊断计划设计是否规范	诊断过程规范、流程清晰（20%）				
现场 5S 工作情况	工具整理、现场清扫等（20%）				

课后拓展

1. CNG 汽车行驶跑偏跟哪些因素有关？
2. CNG 汽车前轮定位的参数有哪些？分别有怎样的影响？

项目五

CNG 汽车制动系统检测与维修

知识引入

制动系统是 CNG 汽车重要的安全装置，根据《机动车运行安全技术条件》的规定，汽车应具有完好的行车制动装置、驻车制动装置、应急制动装置。在车辆使用过程中，制动失灵、制动失效、制动拖滞及制动跑偏等故障较为常见。

任务一　CNG 汽车制动失效故障检测与维修

情景导入

小明舅舅驾驶一辆 CNG 汽车，在下坡时发现刹车有些失灵，他赶紧猛踩刹车，车辆才勉强降低速度。他赶紧将车开回修理厂检修。请你作为一名维修技师，对该车故障进行诊断并排除。

知识准备

汽车制动系统的作用就是使行驶中的汽车按照驾驶员的要求进行强制减速甚至停车，使已停驶的汽车在各种道路条件下（包括在坡道上）稳定驻车，使下坡行驶的汽车速度保持稳定。制动系统主要包括行车制动装置、驻车制动装置及应急主动装置。因篇幅受限，本书主要讲解行车制动装置的检修。

制动系统类型很多，但其一般由供能装置、控制装置、传动装置、制动器等 4 个部分组成，如图 5-1-1 所示。

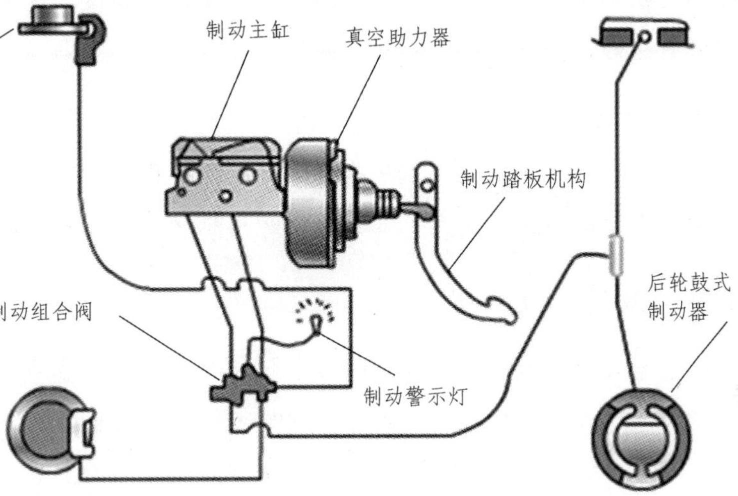

图 5-1-1　制动系统的组成

一、制动性能

制动性能是指汽车行驶时，能在短矩离内停车且维持行驶方向的稳定和下长坡时有维持一定车速，以及保证汽车长时间停驻坡道的能力。制动性能的好坏，可通过其评价参数与检测标准的比较加以评价，目前常用的评价参数主要有制动效能、制动效能稳定性、制动方向稳定性。

（一）制动效能

制动效能是指汽车迅速降低行驶速度直至停车的能力。其评价指标主要有汽车制动力、制动距离、制动减速度。

1. 制动力

制动力是指驾驶员控制汽车制动后，车轮制动器起作用，由地面提供给车轮与汽车行驶方向相反的切向作用力。汽车车速在制动力作用下迅速降低以至停车。汽车制动力的大小取决于两方面因素：一是制动器制动力，它与汽车制动系统的结构、技术状况有关；二是地面附着力，它与轮胎和路面的附着条件有关。

2. 制动距离

制动距离是指汽车在规定的道路条件和初始车速下紧急制动时，从脚接触制动踏板起至汽车停住时汽车驶过的距离。制动距离与行车安全有着直接关系。它包括制动系统反应时间、制动力增长时间和最大制动力持续制动时间所行驶的距离。当制动器作用时间和制动初始车速一定时，制动力越大，其制动减速度则越大，制动距离便越短，制动效果就越好，制动器的技术状况越好。

3. 制动减速度

制动减速度是指汽车制动时，汽车速度下降的快慢程度。对同一辆车辆来说，汽车制动力越大，则制动减速度越大，那么制动距离越短，制动效果越好。

（二）制动效能稳定性

制动效能稳定性是指汽车在高速行驶或下长坡时，经过连续或频繁制动后，制动效能的保持能力。当汽车进行连续或频繁制动时，制动器温度常在 300 °C 以上，从而影响制动摩擦副，导致摩擦系数下降，这种现象称为制动器的热衰退。制动器的热衰退是目前不可避免的问题，技术措施的采用可以降低热衰退。汽车在雨天行驶或制动器中沾有油污，也使制动器摩擦副的摩擦系数下降，这种现象称为制动器的水衰退。制动效能稳定性主要是指制动器的热衰退。

（三）制动方向稳定性

制动方向稳定性是指汽车在制动过程中，维持直线行驶或按预定弯道行驶的能力。在制动过程中，汽车制动可能产生制动跑偏或制动侧滑两种情况，它们都将使汽车部分或全部失去方向控制，极易产生交通事故。在交通事故调查中，与侧滑有关的交通事故有 50%是因制动而产生的。

（1）制动跑偏。它是由同轴（特别是转向轴）车轮制动力不相等所引起的，评价这一性能的主要指标是同轴制动力差。差值越小，则制动稳定性越好。

（2）制动侧滑。若制动时，车轮制动处于抱死状态，只要有很小的侧向力就会使汽车产生侧滑，汽车运行中侧向力是难以避免的，因此，车轮抱死是侧滑的主要原因。车轮抱死与制动器本身、路面的附着系数有关。采用合理的驾驶技术和辅助技术，可减轻甚至避免制动侧滑。驾驶员在制动时，可以采用适当频率反复制动，避免车轮抱死，缓解或消除汽车制动侧滑；安装制动力分配与调节装置或防抱死装置，可使汽车前后轴抱死时间不同或防止抱死，从而减轻或防止汽车制动时侧滑。

二、制动系统常见故障分析

（一）制动不灵

CNG 汽车行驶中制动时，驾驶员感到减速度小，如遇汽车紧急制动时，制动距离长，这一现象称为制动不灵。造成该故障的原因主要有以下几个方面：

（1）制动踏板自由行程过大、系统堵塞、漏油或有空气。

（2）制动蹄与制动鼓或制动盘贴合不良，制动间隙过大。

（3）摩擦片有油污、磨损严重、铆钉外露等。

（4）制动液变质、真空助力器工作不良或失效。

制动不灵故障诊断检修流程如图 5-1-2 所示。

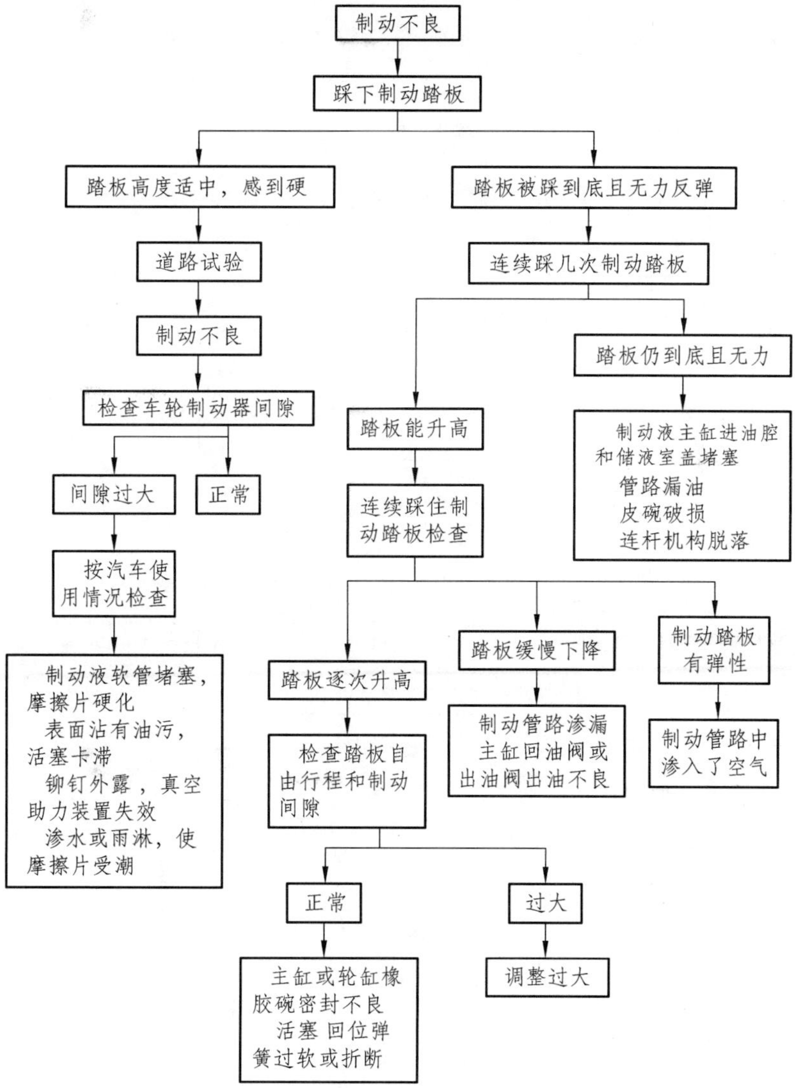

图 5-1-2　制动不灵故障诊断检修流程

（二）制动跑偏

当 CNG 汽车制动时，车辆行驶方向发生偏斜，紧急制动时，车辆出现扎头或甩尾，这一现象称之为制动跑偏。引起该故障的原因主要有以下几点：

（1）同轴两侧车轮的制动蹄片接触面积情况不一致，磨损情况不一致，个别车轮制动蹄片变形或材料不一致，或铆钉外露。

（2）同轴两侧车轮制动蹄片和制动鼓间隙不一致。

（3）同轴两侧车轮制动器技术状况不一致，如个别制动鼓失圆、气室推杆弯曲或歪斜、气室膜片破裂、制动臂凸轮轴卡滞及个别车轮分泵活塞卡滞等。

（4）同轴两侧车轮轮毂轴承紧度不一致，轮胎气压不一致等。

制动跑偏故障的诊断流程如图 5-1-3 所示。

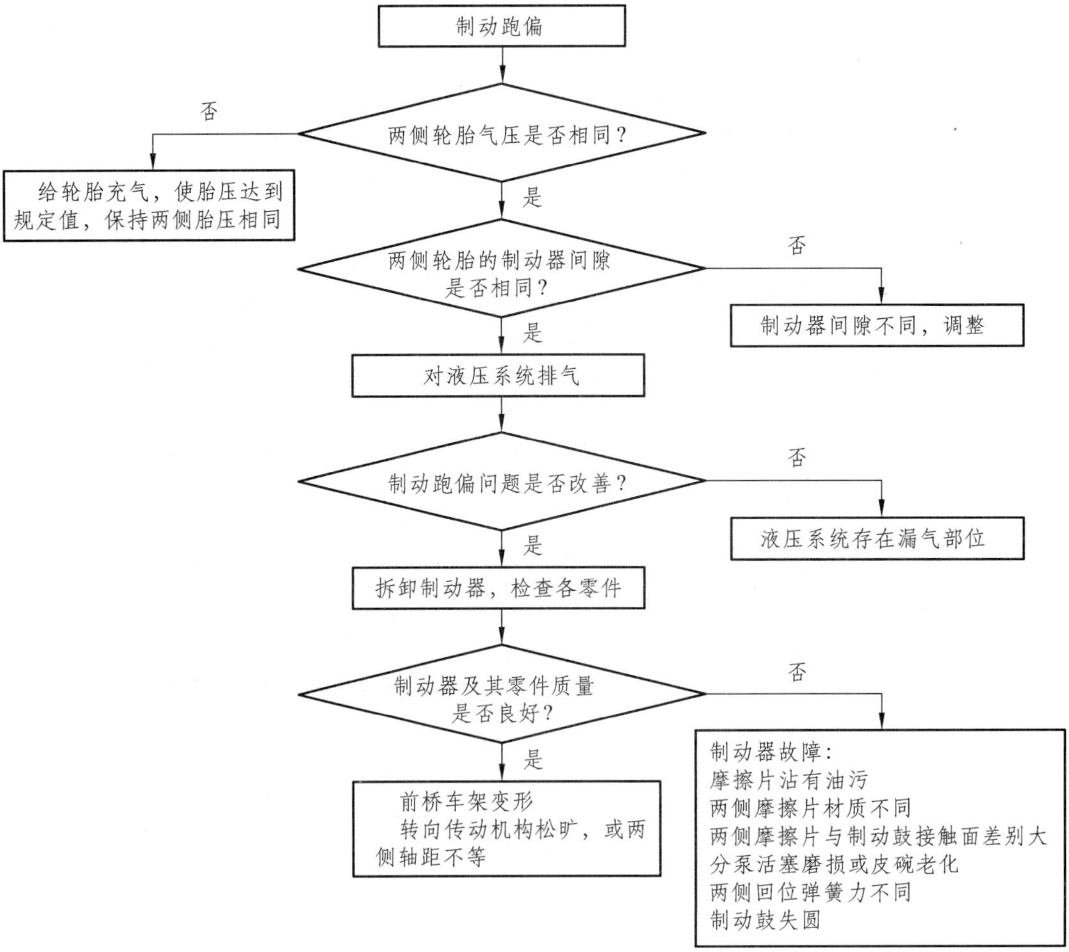

图 5-1-3　制动跑偏故障的诊断流程

（三）制动失效

汽车行驶中，将制动踏板踩到底，制动装置不起作用，或在使用一次或几次制动后，制动装置突然不起作用的现象称之为制动失效。制动失效故障的发生往往是突发性的，因此造成的后果十分危险。造成该故障的主要原因有：

（1）液压制动总泵故障，例如：制动总泵内制动液严重不足；制动总泵橡胶皮碗、橡胶圈严重磨损，或橡胶皮碗被踏反；制动总泵和制动分泵之间的管路断裂，或接头松脱，严重漏油；制动踏板传动机构脱落断裂。

（2）液压制动分泵故障，例如：制动分泵橡胶皮碗严重破损，或橡胶皮碗被顶翻；制动分泵活塞在缸筒内卡死；制动分泵进油管被压扁堵死；制动分泵排空气螺钉松动、脱落或丢失。

（3）车轮制动器故障，例如：制动器摩擦片大面积脱落，摩擦片严重烧蚀；制动鼓和制动盘开裂、破裂。

制动失效故障的诊断流程如图 5-1-4 所示。

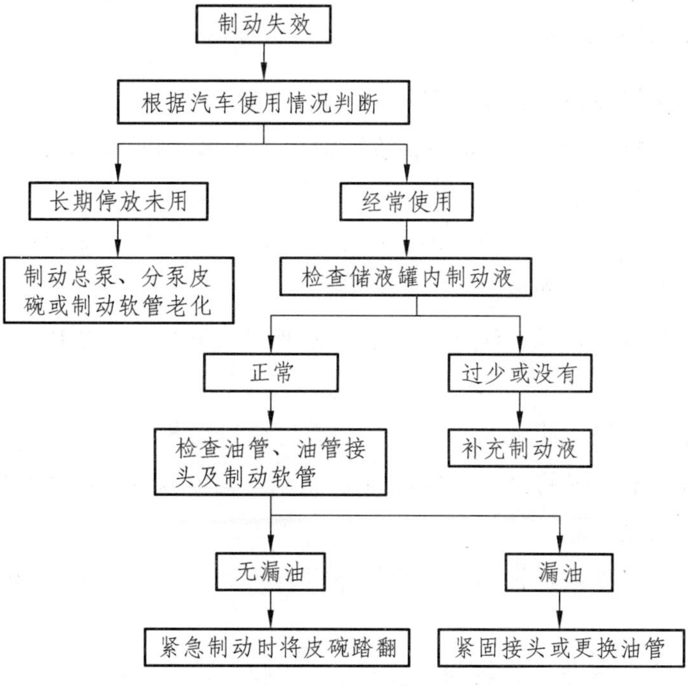

图 5-1-4　制动失效故障的诊断流程

三、制动系统的维护

制动系统是 CNG 汽车重要的安全装置，因此对它的有效维护十分有必要。对制动系统的维护主要分为日常维护、一级维护及二级维护。维护技术规范应严格遵守 GB/T 18344—2016《汽车维护、检测、诊断技术规范》的相关规定。

（一）日常维护作业

（1）出车前检查制动系统是否正常，应无制动报警灯闪亮。

（2）出车前检查制动液液面高度应符合规定，视情况补给。

（3）出车前检查行车制动功能、驻车制动功能是否正常。

（二）一级维护作业

（1）检查、校紧制动管路、制动阀及接头，制动管路、制动阀应固定可靠，接头紧固，接头无漏气（油）现象。

（2）检查、校紧缓速器连接螺栓、螺母，检查定子与转子间隙，缓速器连接应紧固，定子与转子间隙应符合规定，各插接件与接头应连接可靠，清洁缓速器。

（3）检查液面高度，液面高度应符合规定，视情况更换。按规定的里程或时间更换制动液。

（三）二级维护作业

（1）检查制动间隙调整装置，保证其功能正常。

（2）拆卸制动鼓、轮毂、制动蹄，清洁轴承、支承销和制动底板等，保证其清洁、无油污，轮毂通气孔畅通。

（3）检查制动底板、制动凸轮轴，应安装牢固、无变形、无裂损。制动凸轮轴应转动灵活，无卡滞和松旷现象。

（4）检查轮毂内外轴承，滚珠保持架应无断裂，滚柱应无缺损、脱落，内外圈应无裂损和烧蚀。

（5）检查摩擦片表面应无油污、裂损，厚度应符合规定。检查制动蹄应无裂纹及明显变形，铆接可靠，铆钉沉入深度应符合规定。支承销应无过量磨损，与制动蹄轴承孔衬套配合无明显松旷。

（6）检查制动蹄复位弹簧，复位弹簧不得有扭曲、钩环损坏、弹性损失和自由长度改变等现象。

（7）检查轮毂、制动鼓，轮毂应无裂损，制动鼓应无裂痕、沟槽、油污及明显变形。

（8）润滑轴承，轴承位置应涂抹润滑脂后再装轴承。装复制动蹄时，轴承孔均应涂抹润滑脂，开口销或卡簧应固定可靠。装复制动摩擦片与制动鼓时，制动鼓、轮毂、制动蹄、调整轴擦面应清洁、无油污。制动摩擦片与制动鼓承松紧度、调整制动间隙配合间隙应符合规定。轮毂转动应灵活且无轴向间隙。锁紧螺母、半轴螺母及车轮螺母齐全，扭紧力矩应符合规定。

任务实施

一、实施准备

任务名称：汽车制动系统进行二级维护作业。

资源要求：

（1）根据工位数量将学生分组，每小组 6 人分工协作操作。

（2）做好车辆安全防护工作，对完工车辆进行检验，并做好现场 5S 工作。

（3）操作设备及资料清单见表 5-1-1。

表 5-1-1　操作设备及资料清单

序号	名　称	型　号	数　量
1	实训用 CNG 汽车	CK6106	5
2	工具车（附带全套工具）		5
3	工作车型维修手册	CK6106	5

二、任务执行

在教师的带领下对实训 CNG 汽车制动系统进行二级维护作业，填写工作任务单，具体操作步骤见前述。

考核评价

任务实施评价见表 5-1-2。

表 5-1-2　任务实施评价

考核项目	评价标准	评价方式			得分
流程图是否完成	根据需要进行试车验证（40%）	自评	互评	教师评价	
诊断计划是否合理	按照计划顺利进行维护作业（20%）				
诊断计划设计是否规范	维护作业过程规范、流程清晰（20%）				
现场 5S 工作情况	工具整理、现场清扫等（20%）				

课后拓展

1. CNG 汽车制动系统常见故障有哪些？如何进行诊断？
2. CNG 汽车制动系统的二级维护作业有哪些内容？

任务二　CNG 汽车 ABS 灯常亮故障检测与维修

情景导入

小明舅舅驾驶一辆 CNG 汽车，在行驶途中发现仪表盘上 ABS 灯常亮，他迅速回厂维修。请你作为一名维修技师，对该故障分析诊断并排除。

知识准备

行车时若踩下制动踏板，车轮可能会在车辆停止前抱死，在这种情况下，若前轮抱死则车辆的操纵性能便会降低，导致车辆转向失灵，若后轮抱死则车辆的稳定性便会降低，导致车辆出现甩尾、侧滑等异常，从而引发安全隐患。目前 CNG 汽车广泛采用汽车防抱死系统（Antilock Brake System，ABS）来解决这一问题。ABS 的主要功能有：

（1）提高汽车制动过程中的方向稳定性，防止汽车侧滑甩尾。

（2）使汽车在最短的距离内停车。

（3）在制动过程中保持对汽车的转向控制。

（4）防止轮胎抱死拖滑，减轻轮胎磨损。

（5）减少驾驶员的紧张情绪。

ABS 能充分利用轮胎和地面的附着系数提高汽车的制动能力。它主要采用控制制动液压力的方法，给各车轮施加最合适的制动力，以实现这一目的，其主要由转速传感器、电子控制器和制动压力调节器等三大部分组成，如图 5-2-1 所示。

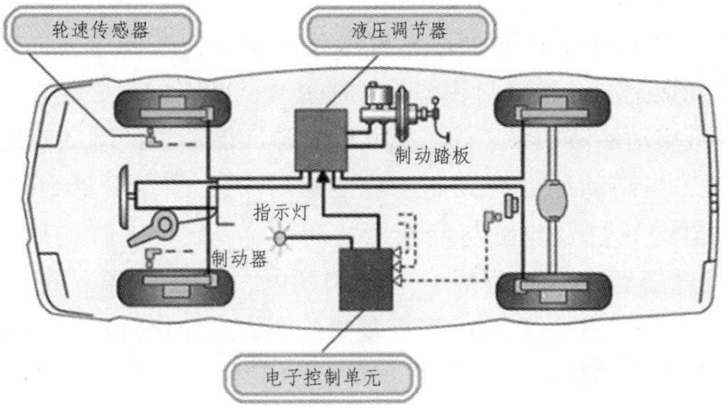

图 5-2-1　ABS 的组成

一、ABS 的工作原理

ABS 是在液压双回路制动系统的基础上加装轮速传感器、ABS 电控单元（ECU）和制动压力调节器而构成的。轮速传感器及制动压力调节器与电控单元相联，控制单元从轮速传感器接收轮速信号，经分析处理后判断是否有车轮即将被抱死滑移，若有车轮被抱死滑移，即刻向制动压力调节器发出调节指令，调节器对制动器进行调节控制，其工作原理如图 5-2-2 所示。

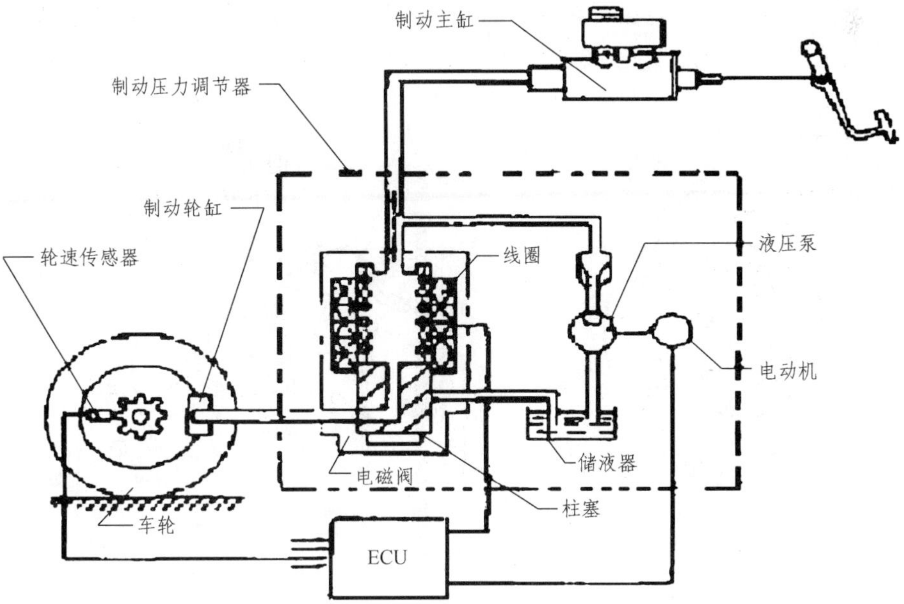

图 5-2-2　ABS 工作原理

制动时，电控单元（ECU）从传感器获取车轮转速信息，判断车轮有无抱死滑移状态。

轮缸升压过程：制动时车轮没有处于抱死滑移时，ABS 不工作，压力调节器电磁阀不通电，柱塞处于下方，主缸与轮缸接通，由主缸控制制动油压的增减，随时可对轮缸进行升压以产生制动作用。

轮缸减压过程：当传感器检测到车轮有抱死滑移时，控制单元向调节器发出指令，使电磁阀活塞运动到最上方，主缸与相关轮缸通道被截断，同时，轮缸和储液器接通，轮缸压力下降，且电机启动使液压泵工作，把从轮缸流回储液器的制动液加压后送入主缸。

轮缸保压过程：当制动压力回到制动稳定区时，ECU 发出指令使电磁阀活塞处于中间位置，关闭主缸与轮缸及轮缸与储液器之间的通道，使轮缸的压力处于稳定状态。轮缸增压过程，经过短暂保压过程后，电磁阀断电，柱塞下降，使主缸与轮缸通道再次接通，轮缸压力再次回升。上述过程反复进行，反映到踏板上，引起反弹，驾驶员可以感觉到 ABS 进入工作状态。

二、ABS 的主要装置

（一）轮速传感器

轮速传感器的作用是检测车轮速度，并将速度信号输入 ABS 的电控单元。目前主要采用电磁式轮速传感器和霍尔效应式轮速传感器。

1. 电磁式

电磁式轮速传感器结构简单、成本低，但车速过快和过慢时测不出或误检，抗干扰能力差。其感应头由磁体、线圈组成，如图 5-2-3 所示。通过固定在车身上的支架安装在齿圈附近。齿圈安装在车轮上，与车轮一同旋转。齿圈在磁场旋转，齿圈与感应头之间的间隙以一定速度变化，磁通的增减变成交流电信号输入 ECU 以获得轮速信号。

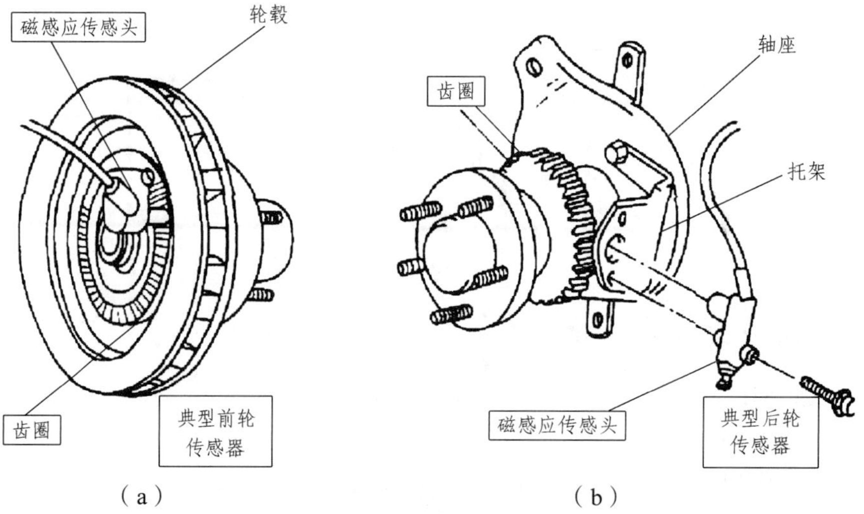

图 5-2-3　电磁式轮速传感器结构

2. 霍尔效应式

与电磁式轮速传感器相比，霍尔效应式轮速传感器抗干扰能力强，检测准确性高，被广泛采用。其传感头由磁体、霍尔元件、电子电路组成，如图 5-2-4 所示。齿圈安装在车轮上，与车轮一同旋转。当齿圈转过传感头时，不同的位置磁力线强弱不同，引起霍尔元件中电压的周期性变化，将该信号输入 ECU 而检测到车轮速度。

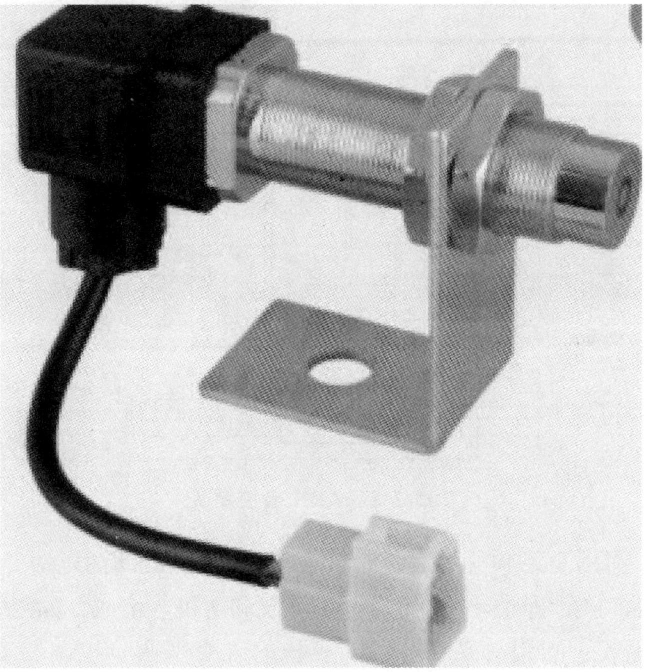

图 5-2-4　霍尔效应式轮速传感器

（二）电控单元

电子控制器（ECU）是 ABS 的“大脑”，其作用是接收来自车速传感器和其他传感器的信号，计算出车轮转速、车轮的加/减速度、车轮滑移率，并对这些信号进行分析，以判断车轮是否有抱死趋势，然后向制动压力调节器发出制动压力控制指令，控制压力调节器去执行压力调节的任务。

电控单元一般由输入电路、运算电路、输出电路及安全保护电路等构成，如图 5-2-5 所示。

（三）压力调节器

ABS 制动压力调节器串接于制动主缸和轮缸之间。其作用是在制动时根据 ABS 电子控制单元（ECU）的控制指令，自动调节制动轮缸制动压力的大小，防止车轮抱死，并处于理想滑移率的状态。ABS 制动压力调节器分为可变容积式压力调节器和循环式压力调节器。

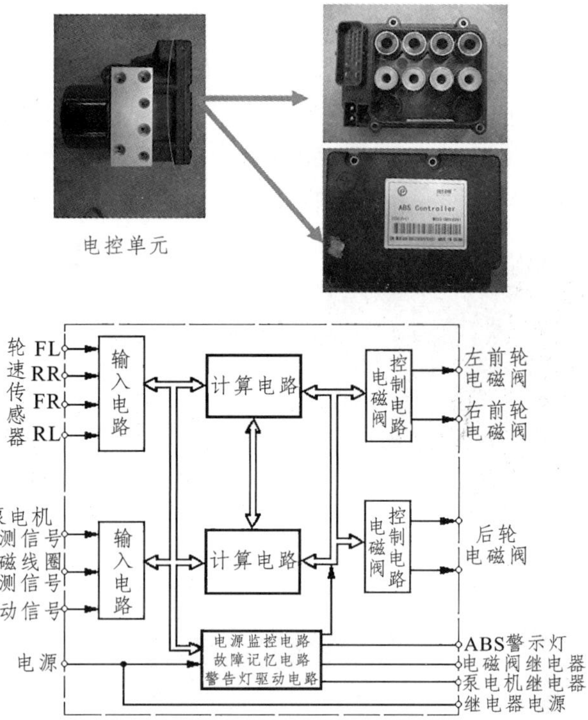

图 5-2-5　ABS 电控单元

（1）循环式：利用总泵和分泵之间的油液回流，调节制动油压的大小，是由电磁阀直接控制的调压方式。它由电磁阀、储液器、回流泵和电机等组成，如图 5-2-6（a）所示。

（2）可变容积式：利用总泵和分泵间容积的改变来调节控制制动压力，是由电磁阀间接控制制动压力的调压方式。它由液压泵、直流电机、储能器、电磁阀、调压缸等组成，如图 5-2-6（b）所示。

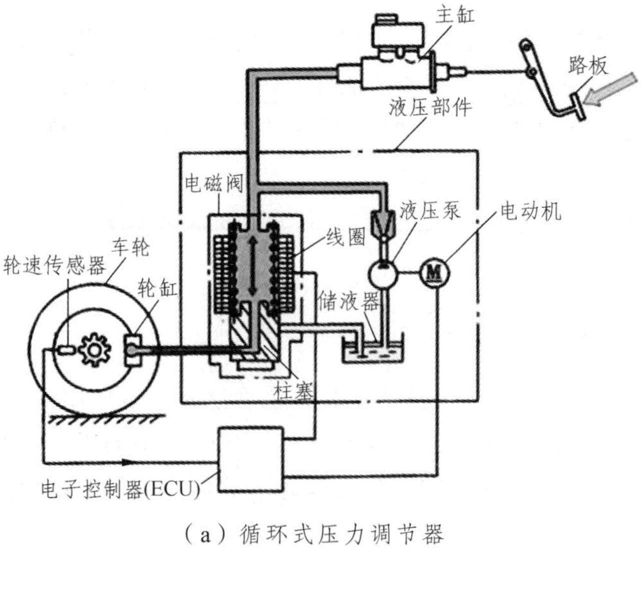

（a）循环式压力调节器

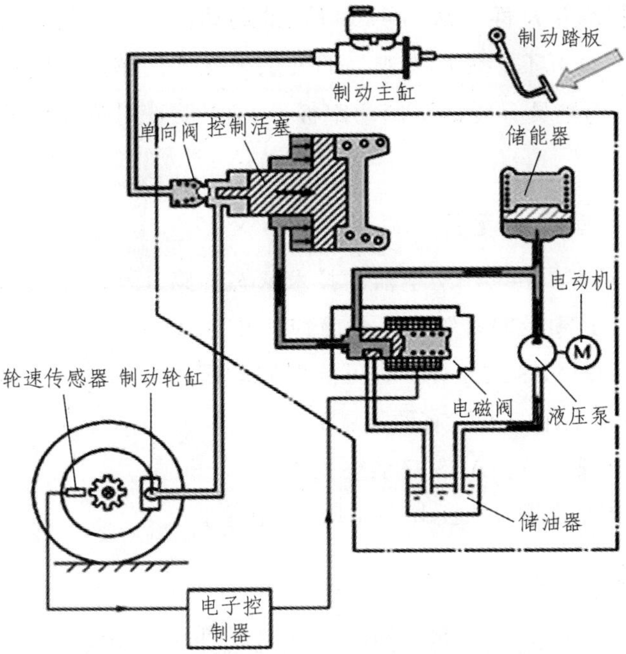

（b）可变容积式制动压力调节器

（c）压力调节器实物图

图 5-2-6　压力调节器

三、ABS 的使用与维护

（一）ABS 使用注意事项

1. 制动操作方法

装用 ABS 的汽车制动时，不仅可以使车辆获得较高的制动力，也可以使车辆有较好的侧向稳定性和操纵稳定性，从而使驾驶员的制动操作更方便，特别是在湿滑道路上行驶制动时，驾驶员可不必使用点制动的方法来保证汽车的方向稳定性。也就是说汽车装用 ABS 后，驾驶员只要踩下制动踏板，ABS 就可对汽车实施有效制动，制动操作更为简化。

2. 汽车 ABS 不能带病运行

ABS 装用的警示灯，将 ABS 电器的技术状态准确、及时地报告给驾驶员。ABS 电器系统出现故障，必须及时排除，不然就应终止 ABS 的工作。ABS 电器系统出现故障时，如不及时终止 ABS 的工作，有可能对制动压力可能进行误调，那将是十分可怕的事情。终止 ABS 工作的方法有两种：

（1）电器系统出现故障，ABS 自动终止工作。

（2）电器系统出现故障，人工切断 ABS 的电源。

3. 有脉冲感属正常现象

ABS 的调压器工作时，制动介质随时会改变方向流动，将会产生一些噪声，这是正常的。某些装有 ABS 的液压制动系统，由于有制动液回收油路，将制动液加压后输入主缸，所以踩在制动踏板上脚会受到轻微的冲击振动，即有脉冲感，这也是正常的。

（二）ABS 的维护检查

1. 车速传感器故障检查

车速传感器常见故障有感应线圈短路、断路或接触不良，齿圈有缺损或赃污，探头部分安装不牢或磁极与齿圈之间有脏物，等等。其检查方法为：

（1）直观检查传感器、导线及插接件有无松动。

（2）用电阻表检测传感器感应线圈电阻，电阻过大或过小应更换。

（3）用交流电压表测量传感器的输出信号电压，车轮转动时，应在 2 V 以上，随转速的增高而升高。

（4）用示波器检测传感器的输出信号电压波形，正常的波形应是均匀稳定的正弦电压波形。

2. ECU 检查

（1）检查 ECU 线束插接器、连接导线有无松动。

（2）检查 ECU 线束插接器各端子的电压值、波形或电阻，若与标准值不符且与之相连的部件和线路正常，应更换 ECU 后再试。

（3）直接采用替换法检验，即在检查其他部件无故障时，采用新的 ECU 代替，若故障消失，则为 ECU 故障。

3. 压力调节器检查

压力调节器在使用过程中常见故障有电磁阀线圈不良或有泄漏等，其检查方法为：

（1）用电阻表检查电磁阀线圈的电阻，若电阻无穷大或过小，则电磁阀有故障。

（2）加电压实验，将电磁阀加上其工作电压，若不能正常动作，则应更换。

（3）解体后检查。

4. ABS 控制继电器检查

ABS 控制继电器常见故障有触点接触不良或继电器线圈不良等，其检查方法为：

（1）对继电器施加正常工作电压，若能正常动作，再测继电器触点间的电压和电阻，正常情况下，触点闭合时电压为零。若电压大于 0.5 V，说明触点接触不良。

（2）继电器线圈电阻应在正常范围内。

任务实施

一、实施准备

任务名称：CNG 汽车 ABS 灯常亮故障检修。

资源要求：

（1）根据工位数量将学生分组，每小组 6 人分工协作操作。

（2）做好车辆安全防护工作，对完工车辆进行检验，并做好现场 5S 工作。

（3）操作设备及资料清单见表 5-2-1。

表 5-2-1　操作设备及资料清单

序号	名　称	型　号	数　量
1	实训用 CNG 汽车	大众	5
2	四轮定位仪		2
3	工具车（附带全套工具）		5
4	工作车型维修手册	桑塔纳	5

二、任务执行

（1）接通点火开关，让 ECU 对其外部电路进行自检。故障警告灯正常点亮的情况是：当点火开关启动至自检结束（大约 3 s），再拉紧驻车制动装置时，REAK 警告灯点亮，ABS 警告灯亮后，又熄灭。如果灯不亮，说明故障警告灯本身线路有故障；如果 ABS 故障灯常亮，说明 ABS 系统出现故障，如果制动装置警告灯常亮，则说明缺乏制动液。

（2）连接故障诊断仪，使用专用故障检测仪器读取故障码。

（3）根据故障代码，查阅维修手册，找到故障点，排除故障。若无故障码显示，则故障在制动系统机械部件，需要对制动系统进行检修。

（4）再次打开点火开关，注意观察仪表 ABS 警告灯是否正常工作，并进行试车验证。

（5）恢复现场，并做好 5S 工作。

考核评价

任务实施评价见表 5-2-2。

表 5-2-2　任务实施评价

考核项目	评价标准	评价方式			得分
流程图是否完成	根据需要进行试车验证（40%）	自评	互评	教师评价	
诊断计划是否合理	按照计划顺利诊断故障（20%）				
诊断计划设计是否规范	诊断过程规范、流程清晰（20%）				
现场 5S 工作情况	工具整理、现场清扫等（20%）				

课后拓展

1. ABS 是如何进行工作的？
2. ABS 常见故障有哪些？如何有效检查？

参考文献

[1] 人力资源和社会保障部教材办公室. 汽车发动机构造与维修[M]. 北京：中国劳动社会保障出版社，2014.

[2] 人力资源和社会保障部教材办公室. 汽车底盘构造与维修[M]. 北京：中国劳动社会保障出版社，2014.

[3] 人力资源和社会保障部教材办公室. 汽车维修技术手册[M]. 北京：中国劳动社会保障出版社，2014.

[4] 沈锦. 汽车底盘构造与检修[M]. 北京：机械工业出版社，2014.

[5] 陈家瑞. 汽车构造[M]. 北京：机械工业出版社，2005.

[6] 杨柏青. 汽车使用与技术管理[M]. 北京：北京大学出版社，2012.

[7] 王智维，严永安. 压缩天然气汽车维修管理培训教材[M]. 北京：人民交通出版社，2016.

[8] 邵毅明. 压缩天然气汽车改装与维修[M]. 北京：人民交通出版社，2004.

[9] 蔡兴旺. 新能源汽车结构与维修[M]. 北京：机械工业出版社，2014.